35€

ACCESO GRATIS *a la Lectura en la Nube*

Para visualizar el libro electrónico en la nube de lectura envíe junto a su nombre y apellidos una fotografía del código de barras situado en la contraportada del libro y otra del ticket de compra a la dirección:

ebooktirant@tirant.com

En un máximo de 72 horas laborables le enviaremos el código de acceso con sus instrucciones.

La visualización del libro en **NUBE DE LECTURA** excluye los usos bibliotecarios y públicos que puedan poner el archivo electrónico a disposición de una comunidad de lectores. Se permite tan solo un uso individual y privado.

TASACIÓN DE COSTAS EN EL PROCESO CIVIL

Aspectos más relevantes de su incidente de impugnación

TASACIÓN DE COSTAS EN EL PROCESO CIVIL

Aspectos más relevantes de su incidente de impugnación

Óscar Daniel Ludeña Benítez

Letrado de la Administración de Justicia
Doctor en Derecho
Profesor tutor. UNED

tirant lo blanch
Valencia, 2025

Directora de colección
CAROLINA DEL CARMEN CASTILLO MARTÍNEZ

© TIRANT LO BLANCH
EDITA: TIRANT LO BLANCH
C/ Artes Gráficas, 14 - 46010 - Valencia
TELFS.: 96/361 00 48 - 50
FAX: 96/369 41 51
Email: tlb@tirant.com
www.tirant.com
Librería virtual: www.tirant.es
DEPÓSITO LEGAL: V-1263-2025
ISBN: 979-13-7010-025-4
MAQUETA: Innovatext

Índice

Parte III

ALGUNAS PINCELADAS SOBRE LOS ARANCELES DE LA PROCURA

Parte IV

EL INCIDENTE DE IMPUGNACIÓN POR EXCESIVAS E INDEBIDAS. TRAMITACIÓN Y MOTIVOS MÁS COMUNES

Parte V

LA REFORMA DEL TRÁMITE DE IMPUGNACIÓN DE COSTAS EN LA LEY ORGÁNICA DE EFICIENCIA DEL SERVICIO PÚBLICO DE JUSTICIA. LOS MEDIOS ADECUADOS DE SOLUCIÓN DE CONTROVERSIAS Y SU INFLUENCIA. MODERACIÓN Y EXONERACIÓN. ABUSO DEL SERVICIO PÚBLICO DE JUSTICIA. OTRAS MODIFICACIONES RELATIVAS A LAS COSTAS PROCESALES

Parte VI

CONDENA EN COSTAS Y REVISIÓN DEL PRINCIPIO DEL VENCIMIENTO POR LA JURISPRUDENCIA. MODIFICACIONES LEGISLATIVAS

Introducción

En el presente trabajo se trata de realizar una visión general del trámite de impugnación de costas por indebidas y excesivas previsto en nuestra Ley de Enjuiciamiento Civil, los motivos de conflicto más comunes en la actualidad y las reformas de calado que prevé la Ley Orgánica de Eficiencia del Servicio Público de Justicia para la tasación de costas y su impugnación. Para ello, se estudiarán los puntos de fricción más comunes que dan lugar a iniciar el trámite de impugnación, así como la gran polémica actual sobre la aplicación de Baremos o Criterios por los Colegios de la Abogacía dada la jurisprudencia más reciente sobre la materia. El momento que vivimos es de confusión máxima, por lo que no se pueden proporcionar soluciones definitivas sobre casi nada, pero sí argumentos para defender posiciones de la manera más adecuada posible. Con la promulgación de la Ley Orgánica del Derecho de Defensa (que parece amparar a los Criterios de nuevo) y las modificaciones que trae consigo la mencionada Ley Orgánica de Eficiencia del Servicio Público de Justicia, puede que se respondan ciertas preguntas que siguen sin respuesta, pero habrá que ver cómo la práctica de los Tribunales va configurando todo, puesto que se viene a cambiar el paradigma de un modo muy relevante.

Las costas, para el insigne procesalista Jaime Guasp, no son todos los gastos procesales, sino sólo una parte de este gasto, cuya delimitación precisa no es del todo fácil de hacer pero que puede definirse como aquella porción de los gastos procesales cuyo pago recae sobre las partes que intervienen en un proceso determinado y reconocen a este proceso como causa inmediata y directa de su producción. Así, la tasación de costas —prosigue el Letrado de la Administración de Justicia y Vocal del CGPJ Luis Martín Contreras— se erige en la forma ordinaria de reintegro por parte del litigante vencedor de aquellos gastos que, teniendo su origen en el proceso, se han debido anticipar para hacer frente a los mismos y a cuyo reintegro tiene derecho como consecuencia de su reconocimiento expreso en la sentencia mediante la condena en costas de otro litigante. Y los conflictos surgen en esta materia desde el propio hecho de la condena en costas hasta, una vez que la misma se acepta, los pormenores de su tasación. No cabe duda de que nos encontramos ante un ámbito del Derecho Procesal que se ha ido complicando enormemente en los últimos años y los frentes abiertos son numerosos, como vamos a poder comprobar en las páginas venideras. Y el futuro vendrá a suponer una nueva vuelta de tuerca, con la introducción de los medios adecuados de solución de controversias (MASC) y la posibilidad de reducción o exoneración de las costas.

Por todo ello, no cabe más que poner todas las cartas sobre la mesa e ir analizando, con la práctica diaria, cuáles pueden ir siendo las mejores soluciones a los problemas que se van planteando. Este libro pretende poner su pequeño grano de arena para ello.

Parte I

La práctica de la tasación de costas en la jurisprudencia del Tribunal Supremo de los últimos años

1. EL RELEVANTE ATS DE 3 DE MAYO DE 2011

El Auto del Tribunal Supremo (Sala 1.ª) de 3 de mayo de 2011 **(TOL2.139.980)** supuso un hito muy relevante en materia de tasación de costas. Se procedía, con la aprobación de la llamada "Ley Ómnibus" (Ley 17/2009, de 23 de noviembre, sobre el libre acceso a las actividades de servicios y su ejercicio) de un paradigma donde primaba la relativización de los Baremos de honorarios y del criterio de la cuantía como base consolidada. Así, se pasará a situar el juicio valorativo del Letrado de la Administración de Justicia como centro de la actividad tasadora, siempre con el fundamento de base de la minuta justificada del Abogado y con la posibilidad revisora del Juez. De este modo, la tasación de costas pasa a recobrar, según parte de la doctrina, su valor primigenio de "estimación del valor de un bien y servicio". Como consecuencia, el TS se acerca al TJUE al abordar sus decisiones en la materia en un entorno que no cuenta con los Baremos y Aranceles que puedan existir.

Jurisprudencia de finales de la década de 1990 —y, por tanto, bajo la vigencia de la LEC 1881— hacía mención a criterios como la prudencia, la equidad, la costumbre, las normas del lugar, acreditar los servicios prestados… tal como recogen Martínez/Cremades/Romero/Castillo (*Vid.* STS 3-2-1998, Sala 1.ª, **TOL3.402.100**).

Y muy relevante ha sido desde siempre la intervención de la Sala 3.ª del TS, que ha ido incluyendo criterios a ponderar al margen de los Baremos —o incluso por encima de los mismos—, inspirada por principios como el de razonabilidad o el de proporcionalidad. Y, sin duda, ha influido en el ámbito civil y en la Jurisprudencia de la Sala 1.ª. A modo de ejemplo revelador hay que tener en cuenta el art. 139 de la Ley Reguladora de la Jurisdicción Contencioso-Administrativa (Ley 29/1998, de 13 de julio), donde se establece el novedoso criterio de que la imposición de costas "*podrá ser a la totalidad, a una parte de éstas o hasta una cifra máxima*".

También hay que destacar la STS de 20 de abril 2009 (Sala 3.ª, **TOL3.398.244**) donde se introduce igualmente el concepto de abusividad a la hora de fijar las costas porque —según esta resolución— hay que tener en cuenta el "*vacío de contenido concreto del escrito de oposición, idéntico al del Abogado del Estado*". Por todo ello, impera la teoría de que se debe huir del automatismo. En el ámbito de la Unión Europea se examina el caso de la STJUE de 19 de febrero de 2002 **(TOL120.596)** y la Sentencia de la Gran Sala de 5 de diciembre de 2006 **(TOL1.083.233)** de la que deriva el mencionado Auto de la Sala 1.ª del TS de 3 de mayo de 2011 **(TOL2.139.980)** y la STS (Sala 3.ª) de 19 de julio de 2011 **(TOL2.458.225)**. La fijación de la cuantía de las costas por parte de la Jurisprudencia, a partir de esta doctrina comunitaria, se basa en función de criterios como el trabajo efectivamente realizado, la extensión justificada de los escritos, la complejidad del asunto, el número de clientes, la fase alcanzada... Por ello, la repercusión de la cuantía pasa a ser más atenuada de la que se ha acostumbrado a tener en cuenta por los Criterios orientadores. En cualquier caso, se han de justificar cumplidamente en la minuta que se presente para su tasación los Criterios en cuya virtud se formula.

De todos modos, esta doctrina jurisprudencial no modifica la esencia del art. 246, relativo al incidente de impugnación por excesivas, dejando como prominente el dictamen del Colegio de la Abogacía. Y tampoco se desarrolla una específica doctrina jurisprudencial sobre los criterios de tasación porque, entre otras cosas, no se excede de la instancia en la que se produce ésta. Téngase en cuenta que a lo más que se puede llegar es al recurso de revisión ante el Juez de Primera Instancia en la mayoría de los casos, con cerca de cuatro mil posibles criterios distintos (uno por órgano judicial). Esto también es aplicable también para las juras de cuentas (véase la STC de 14 de marzo de 2019 —**TOL7.153.724**—, en la que se habilita de forma definitiva el recurso de revisión para la resolución final del decreto que resuelve la impugnación de la cuenta jurada). Por ello, los Colegios de la Abogacía siguen recurriendo a sus Criterios derogados en la emisión de dictámenes, si bien, como estimación razonable y sin mencionar estos. Todo esto provoca en la práctica que el Abogado se guíe por los Criterios que conserva o consigue. Sigue siendo trascendente el tenor (en la Jurisdicción civil) de los arts. 394 y ss., pues no se prevé moderación por el Juez o Tribunal sentenciador del importe a recibir en concepto de costas, al contrario de lo que sí establece el art. 139.2 LJCA.

Téngase también en cuenta que el art. 29 del nuevo Estatuto de la Abogacía (R.D. 135/2021, de 2 de marzo) prevé que los Colegios de la Abogacía podrán "*elaborar criterios orientativos de honorarios a los exclusivos efectos de la tasación de costas y de la jura de cuentas de los profesionales de la abogacía, así como informar y dictaminar sobre honorarios profesionales pudiendo incluso emitir informes periciales*".

El ATS de 3 de mayo de 2011 (**TOL2.139.980**), en definitiva, expone: "*No se trata en este trámite de determinar los honorarios del letrado de la parte favorecida por la condena en costas, ya que su actividad se remunera por la parte a quien defiende y con quien le vincula una relación contractual, libremente estipulada, sino la carga que debe soportar el condenado en costas respecto de los honorarios del letrado minutante. Por ello, la minuta incluida en la tasación* ***debe ser razonable dentro de los parámetros*** *de la profesión y* ***no solo calculada de acuerdo con criterios de cuantía****, sino adecuada a las* ***circunstancias*** *concurrentes en el pleito, el* ***grado de complejidad*** *del asunto, la* ***fase del proceso*** *en que nos encontramos, los* ***motivos*** *del recurso, el* ***contenido del escrito de impugnación*** *del mismo, la* ***intervención de otros profesionales*** *en la misma posición procesal y las minutas por ellos presentadas a efectos de su inclusión en la tasación de costas,* ***sin que****, para la fijación de esa media razonable que debe incluirse en la tasación de costas,* ***resulte vinculante el preceptivo***

informe del Colegio de Abogados. *Atendiendo a los criterios anteriormente expuestos, en especial el esfuerzo de dedicación y estudio exigido por las circunstancias concurrentes, el valor económico de las pretensiones ejercitadas en el pleito, la complejidad y trascendencia de los temas suscitados en esta fase del procedimiento, las Normas Orientadoras del Colegio de Abogados, y el escrito de alegaciones, procede estimar la impugnación y fijar el importe de cada una de las cuatro minutas controvertidas en la cantidad de trescientos sesenta y cinco euros con ochenta y tres céntimos (365,83 euros), más el impuesto sobre el valor añadido correspondiente, para cada uno de ellos".*

Esta resolución supone —como se ha mencionado— un auténtico hito, en la Jurisdicción civil, a la hora de provocar miles de impugnaciones de tasaciones de costas, sin que, hasta el día de hoy, se haya resuelto la problemática y haya una doctrina más o menos consolidada, como seguiremos estudiando más adelante.

2. LA FUNCIÓN TASADORA DEL LETRADO DE LA ADMINISTRACIÓN DE JUSTICIA: ÁREA Y LÍMITES, EL ATS DE 20 DE JULIO DE 2016

Como dice el ATS de 20 de julio de 2016 (**TOL5.785.733**), "*el párrafo tercero del art. 243.2 LEC obliga al Secretario Judicial a aplicar el límite previsto en el art. 394.3 LEC (en el caso de condena en costas en primera instancia y, por remisión del art. 398 LEC, a las costas en apelación y en los recursos extraordinarios), y* ***deja claro a quien está atribuida la competencia para la aplicación de la limitación de los honorarios del letrado minutante a la tercera parte*** *de la cuantía del procedimiento y en qué momento debe ser apreciada la limitación (...). Por el contrario, el art. 245 LEC* ***no atribuye*** *al Secretario Judicial* ***el control de oficio*** *de la aplicación que el letrado minutante haga de las normas de honorarios del Colegio de abogados, sino que la Ley* ***deja exclusivamente en manos del condenado en costas la posibilidad de impugnar por excesivos los honorarios tasados.*** *(...) En definitiva, el hecho de que el límite establecido en el art.* ***394.3 LEC sea aplicable de oficio*** *por el Letrado de la Administración de Justicia a la hora de practicar la tasación de costas, sin tener que* *esperar a que sea esgrimido por la parte condenada a través del trámite de impugnación, no significa que en el supuesto de que* ***no se haya aplicado dicha reducción la parte perjudicada no esté obligada a reaccionar en tiempo y forma****, con la debida diligencia, en defensa de sus derechos, a través de la impugnación de la tasación de costas. Se trata de un requisito inexcusable y una carga impuesta a la parte, ya que de no hacerlo así pierde la oportunidad de denunciar la irregularidad en la práctica de la tasación de costas a través del recurso de revisión contra el decreto que la aprueba. En el presente supuesto, la parte condenada no impugnó dentro de plazo la tasación de costas y, como indica la parte recurrida, el recurso de revisión interpuesto es una impugnación extemporánea de la tasación, por lo que no es admisible (…)".*

De esta doctrina que se refiere, en exclusiva, a la función del Letrado de la Administración de justicia sobre la posibilidad de modificar *ab initio* la tasación en relación a la tercera parte de la cuantía, se va derivando a otras posibles modificaciones que pueden venir posteriormente, una vez que se ha realizado el trámite de impugnación (o no, como se verá).

Se parte de un Decreto que estima la impugnación de la parte recurrente y condenada en costas. Una impugnación que se basaba en la consideración de que el importe de los honorarios del Letrado incluido en la tasación era excesivo. Para ello se alegaba que el Decreto recurrido modificaba la tasación y se apartaba del criterio mantenido en dicha tasación. Y lo hace sin la mayor motivación, no razonando adecuadamente la decisión adoptada ni justificando que el trabajo no haya sido complejo. Ante todas estas alegaciones el recurso de revisión se desestima por los siguientes motivos: El Letrado de la Administración de Justicia aplica el 243 LEC. Es decir, comprueba que las actuaciones se han realizado, que no excede de la tercera parte (son debidos) y que la minuta contenía los requisitos formales. La Ley de Enjuiciamiento Civil, dice el TS, no atribuye al Letrado de la Administración de Justicia el control de oficio de la aplicación que el Letrado minutante haga de los Criterios sobre honorarios del Colegio de Abogados ni le faculta para valorar en ese momento si la minuta es adecuada a la complejidad, sino que deja en manos del condenado la posibilidad de impugnar por excesivos (art. 245.2 LEC). Y, es, por tanto, tras la impugnación, cuando el Letrado de la Administración de Justicia puede introducir las modificaciones pertinentes. Por ello, concluye el Tribunal Supremo, no existe incongruencia si ahora el Letrado de la Administración de Justicia modifica la tasación. A estos efectos, no resulta vinculante el preceptivo informe del Colegio ni sus normas orientadoras.

De este modo, como nos recuerda el ATS de 20 de julio de 2016 (**TOL5.785.733**), *"para la fijación del importe de los honorarios de letrado que, de manera razonable debe incluirse en la tasación de costas,* ***no resulta vinculante por sí solo el preceptivo informe del colegio de abogados, ni sus normas orientadoras****, y, en el fondo, la parte recurrente pretende que lo sea. iii) El decreto recurrido, aunque de manera sucinta, está suficientemente motivado, pues de su fundamentación se deduce que fija los honorarios de letrado en atención a las circunstancias concurrentes en el pleito, y aplica la doctrina de esta Sala de que la minuta incluida en la tasación debe ser una media ponderada y razonable dentro de los parámetros de la profesión,* ***no solo calculada de acuerdo a criterios de cuantía****, sino además adecuada a las circunstancias concurrentes en el pleito, el grado de complejidad del asunto, la fase del proceso en que nos encontramos, los motivos del recurso, la extensión y desarrollo del escrito de impugnación (Autos 21 de junio de 2011, RC n.º 1192/2008, 12 de julio de 2011, RC n.º 1948/2008, entre otros muchos). iv) A la hora de apreciar si el decreto incurre en arbitrariedad o desproporcionalidad al cuantificar los honorarios, debemos partir de esa serie de factores o circunstancias recogidas en la doctrina de esta Sala en materia de impugnación de los honorarios de letrado por excesivo antes citada. La actuación minutada, considerada en abstracto, está condicionada y, en cierto modo, aligerada por el previo estudio de las instancias anteriores. Este punto de partida* ***afecta a la valoración de la propia complejidad del asunto tratado y al trabajo efectivamente realizado****, que es objeto de retribución a través de la condena en costas. En nuestro supuesto la parte recurrente en revisión pretende que se tengan en consideración una serie de circunstancias (por ejemplo, que estamos en presencia de la lucha de una accionista minoritario frente a los mayoritarios y la sociedad) tendentes a destacar la* *trascendencia económica del pleito y las complejas relaciones internas de la partes; y el hecho de que si se hubiera minutado por cada uno de los condenados al pago, en función de las cantidades indebidamente percibidas, el importe de los honorarios por cada uno de ellos, conforme a los criterios del colegio de abogados, sería superior al fijado por el decreto recurrida. 2. Pero, en atención a que no existe un módulo cuantitativo fijo que opere automáticamente y a las circunstancias concurrentes en el pleito, como es la existencia de condena en costas por la oposición a unos recursos extraordinarios interpuestos conjuntamente por los ahora condenados en costas, a los que la parte recurrente en revisión se ha opuesto en un mismo escrito y con las mismas alegaciones, y al contenido y extensión del trabajo desarrollado en el escrito de oposición,* ***se concluye que la cantidad de 12.498 euros, más IVA, fijada por el Sr. letrado de la Administración de Justicia de esta Sala en el decreto recurrido no puede considerarse irrazonable ni arbitraria.*** *Por último, la pretensión de que se declare que la condene al pago de la minuta es solidaria, es una cuestión ajena al ámbito de impugnación de honorarios por excesivos".*

En la misma línea, el ATS de 13 de abril de 2016 **(TOL5.693.966)**.

Así, se entiende que el Decreto —aunque sucinto— sí está motivado y aplica la doctrina de la Sala en cuanto que la minuta de la tasación debe ser una media ponderada y razonable dentro de los parámetros, no solo sobre la cuantía, sino, además: las circunstancias del pleito, la complejidad del asunto, la fase del proceso, los motivos, extensión y desarrollo del escrito de impugnación. Se concluye que no existe un módulo cuantitativo automático, y por ello se entiende que no es irrazonable ni arbitraria la cantidad fijada por el Letrado de la Administración de Justicia. Sin embargo, llegados a este punto nos podemos plantear: ¿Qué pasa en las ejecuciones donde el ejecutado no está personado y es más que improbable la impugnación? Al establecerse que el Letrado de la Administración de Justicia sólo puede entrar a minorar en trámite de impugnación... ¿Qué ocurre si ésta no se produce nunca y se ve a simple vista que la minuta es claramente excesiva? Esta es una cuestión para la que la que no existe una solución concluyente, dada la doctrina antedicha, que lo confía todo al trámite de impugnación.

Y es que se discute hasta qué punto el Letrado de la Administración de Justicia, puede —por su cuenta— minorar una minuta (más allá de lo que sí puede hacer en relación al tercio de la cuantía). Se ha planteado el caso de un Abogado de Sevilla que solicitó al Tribunal Constitucional que se declare la nulidad del decreto de la Letrado de la Administración de Justicia, de 12 de diciembre de 2022 (confirmado por el correspondiente recurso de revisión resuelto por el Magistrado), y ordene al Juzgado que dicte nueva resolución ajustada a Derecho y "*aprobando sin reparo la minuta de letrado presentada en su día para la tasación de costas*". Esta resolución del Letrado de la Administración de Justicia aminoró la minuta "*basándose en motivos que no son jurídicos, sino arbitrarios, y con los que se benefician las entidades financieras, que en definitiva, ven mucho mejor pleitear hasta el final las reclamaciones de sus clientes en relación a las cláusulas suelo, demorando hasta siete años la entrega del dinero que les corresponden a estos consumidores y usuarios, y contraviniendo con ello toda la normativa y jurisprudencia relativa a Consumidores y Usuarios europea y nacional*", mencionaba el Sr. Letrado. Y adjunta al recurso ante el TC el recurso de alzada interpuesto por el Decano del Colegio de Abogados de Sevilla frente al acuerdo adoptado por la Sala de Gobierno del Tribunal Superior de Justicia de Andalucía tomando en conocimiento el acta de la Junta Sectorial de Jueces de Primera Instancia de Sevilla por la que se aprueba la limitación de las costas en relación a los honorarios de Abogados devengados como consecuencia de la estimación de la demanda contra las entidades bancarias en procedimientos de contratación de préstamos hipotecarios. El Decano solicitó que se declarara nulo. Obviamente, se plantea hasta qué punto, se pueden adoptar este tipo de resoluciones basadas en acuerdos de Juntas de Jueces, sin que se resuelvan en el seno de cada procedimiento concreto.

Y continuaba el Sr. Letrado en su escrito de recurso ante el TC, manifestando que "*tampoco se debe "penalizar" y "castigar" la especialización de los abogados, ni colegir que la culpa del número de procedimientos es de los letrados que asisten al cliente-consumidor, "cuando la realidad es que la gran mayoría de estos procesos podrían haberse evitado si las entidades de crédito hubiesen aceptado reconocer y asumir la culpa en la nulidad de las cláusulas abusivas insertadas en sus contratos*". Para este profesional de la Abogacía, el hecho de que las entidades financieras esperen hasta que les llega la demanda o esperar a la audiencia previa para allanarse o que recurran durante años hasta llegar al Tribunal Supremo para después desistirse es "una aberración jurídica". Por todo ello, este Letrado considera de vital trascendencia que se corrija aplicando toda la normativa protectora de los consumidores y usuarios, empezando por la Constitución, y especialmente la condena en costas de la que se habla en el Preámbulo del Real Decreto Ley 1/2017, de 20 de enero (de medidas urgentes de protección de consumidores en materia de cláusulas suelo) "*para que un consumidor no tenga que esperar 8 años de media para ver reconocido su derecho, como actualmente pasa en el Juzgado 10 Bis de Sevilla*".

De parecido tenor es la situación que se planteó en Cádiz, donde el Magistrado titular del Juzgado de Primera Instancia número 2 de Cádiz ha estimado el recurso de revisión presentado por un Abogado contra la decisión de oficio del Letrado de la Administración de Justicia del mismo juzgado de reducir la minuta del Letrado desde los 2.675,31 euros hasta los 750, incluyendo el IVA en ambos casos; dejándolo en un 28 % de lo solicitado, menos de un tercio (la reducción de los emolumentos decretada por el Letrado de la Administración de Justicia fue, en concreto, de un 72 %). El Magistrado corrigió el Decreto y estableció que se mantuviese la minuta de honorarios por el importe inicial porque era la ajustada a derecho, es decir 2.675,31 euros. Esta noticia, de la que se hizo eco el digital *Confilegal*, recoge el auto 30/2023 del Juzgado de Primera Instancia n.º 2 de Cádiz, de fecha 8 de febrero, que resuelve el recurso de revisión contra el Decreto de Tasación de Costas de 30 de noviembre de 2022, dictado por el Letrado de la Administración de Justicia ("*la cuantía del procedimiento se fijó «sin ser recurrida por la parte demandada», con lo que «no procede la reducción de la minuta de honorarios de la parte recurrente en este acto»*"). Y es que, en este caso, el Letrado de la Administración de Justicia tomó la decisión desde la misma tasación de costas, sin pasar por el trámite de impugnación. Así, el Letrado minutante señaló que la facultad de reducir de oficio las minutas sin ser previamente impugnada *«atenta, conculca e infringe los artículos 245.2 y 246.3 de la Ley de Enjuiciamiento Civil (LEC)» (...) «El auto de 20 de julio de 2016, dictado por la Sala de lo civil del Tribunal Supremo, en el que se establece que la LEC no atribuye al Letrado de la Administración de Justicia el control de oficio de la aplicación que el letrado haga de los criterios sobre honorarios del Colegio de Abogados ni le faculta para valorar si la minuta es adecuada en atención al grado de complejidad del asunto o a la extensión o desarrollo del escrito de impugnación, sino que deja exclusivamente en manos del condenado en costas la posibilidad de impugnar por excesivos los honorarios tasados»*.

Por ello, toda la doctrina expuesta por el TS, tanto en 2011 como en 2016, debe ser aplicada por el Letrado de la Administración de Justicia dentro del trámite de impugnación y nunca —en principio— desde la tasación de costas inicial.

Por último, se hace necesario reseñar llegados a este punto, por su relevancia, la Circular 1/2021 de la Secretaría de Gobierno del Tribunal Superior de Justicia de Murcia, de 23 de abril de 2021, sobre unificación de criterios en materia de costas procesales en la jurisdicción civil. Aplicable en principio únicamente para los fedatarios públicos judiciales de la Región de Murcia, pero con instrucciones concretas en relación a todo tipo de cuestiones relativas a las tasaciones de costas, entre ellas la que nos ha ocupado hasta ahora. Así, el punto 13 dice textualmente:

"EL CONTROL DE OFICIO POR PARTE DEL LAJ EX ART. 243-245 LEC NO ES APLICABLE AL CARÁCTER EXCESIVO DEL CONCEPTO (LO ES RESPECTO AL CARÁCTER INDEBIDO DEL MISMO)

SUPUESTO La procedencia del control de oficio atribuido al LAJ no resulta aplicable directamente al carácter excesivo de una minuta.

CRITERIO CONSENSUADO Debe completarse la en la guía de criterios orientadores con lo resuelto por los Autos del Tribunal Supremo de 13 de abril de 2016 y otros posteriores (como el de 20 de julio de 2016) conforme a los cuales, si bien el art. 243 de la LEC atribuye al LAJ la facultad de excluir de la tasación aquellas partidas o conceptos indebidos sin esperar a una eventual impugnación de la parte perjudicada por la condena en costas, el art. 245 no le atribuye el control de oficio de la aplicación que el Letrado minutante efectúe de las normas de honorarios del Colegio de Abogados sino que la Ley deja exclusivamente en manos del condenado en costas la posibilidad de impugnar, por excesivos, los honorarios tasados".

2.1. El tercio de la cuantía y el art. 394 LEC

Una de las pocas ocasiones en las que el Letrado de la Administración de Justicia puede intervenir *ab initio* modificando la cantidad por la que se ha solicitado la tasación de costas por el Abogado es el supuesto de que la minuta exceda la tercera parte (sin incluir IVA) de la cuantía del pleito. Así, el art. 394.3 LEC (redacción de la L.O. 1/2025), dice:

"*Cuando, en aplicación de lo dispuesto en el apartado 1, se impusieren las costas al litigante vencido, éste sólo estará obligado a pagar, de la parte que corresponda a los abogados y demás profesionales que no estén sujetos a tarifa o arancel,* ***una cantidad total que no exceda de la tercera parte de la cuantía del proceso, por cada uno de los litigantes que hubieren obtenido tal pronunciamiento;*** *a estos solos efectos, las pretensiones inestimables se valorarán en 24.000 euros, salvo que, en razón de la complejidad del asunto, el tribunal disponga otra cosa.*

No se aplicará lo dispuesto en el párrafo anterior cuando el tribunal declare la temeridad del litigante condenado en costas.

Cuando el condenado en costas sea titular del derecho de asistencia jurídica gratuita, éste únicamente estará obligado a pagar las costas causadas en defensa de la parte contraria en los casos expresamente señalados en la Ley 1/1996, de 10 de enero, de Asistencia Jurídica Gratuita. Cuando la parte beneficiada en costas sea titular del derecho de asistencia jurídica gratuita, las mismas deberán ser abonadas a las personas profesionales que se hayan designado para su representación y dirección jurídica, que estarán obligadas a devolver las cantidades eventualmente percibidas con cargo a fondos públicos por su intervención en el proceso. A tales efectos, se comunicará por la Oficina judicial a los colegios profesionales correspondientes dicha circunstancia".

En este artículo lo primero que llama la atención es la "subida" de la llamada "cuantía indeterminada" de los 18.000 a los 24.000 euros.

Volviendo al tema del tercio de la cuantía del proceso, decir que el Letrado de la Administración de Justicia puede, de manera soberana y por aplicación estricta de la Ley, reducir toda minuta que exceda de la tercera parte de la cuantía fijada, normalmente en el Decreto de admisión de la demanda (o en la Diligencia de Ordenación de requerimiento, *v.gr.* en un monitorio de propiedad horizontal). En múltiples ocasiones se ataca la cuantía del proceso fijada en el trámite de impugnación de costas cuando, en su momento, no se recurrió la fijación de la cuantía en el Decreto de admisión, por lo que debe decaer dicha impugnación, al gozar de cosa juzgada formal la cuantía determinada en esa resolución inicial.

Un supuesto especial, sin embargo, modulado por el Tribunal Supremo es el de la doctrina emanada del ATS de 15 de septiembre de 2020 **(TOL8.080.077),** relativo a la cuantía de los procesos verbales de desahucio. Si se tratase de un contrato "de renta antigua", la fijación de la anualidad de renta para la determinación de la cuantía, en aplicación automática del art. 394.3 LEC, conllevaría a no considerar "el verdadero esfuerzo de dedicación y estudio realizado", por lo que el Alto Tribunal considera que debería ser una excepción a la regla del tercio. Sin embargo, hay que fijarse bien en que se trate de un contrato de este tipo, pues cualquier otro implica la aplicación de las reglas generales del art. 394.3 LEC. De acuerdo con el tenor del auto mencionado, "*En consecuencia, procede desestimar el recurso, porque una aplicación automática del art. 394.3 LEC conduciría a fijar los honorarios del letrado en una cifra ridícula (248 euros más IVA), que* ***no se correspondería con el verdadero esfuerzo de dedicación y estudio realizado atendiendo a la complejidad*** *del asunto, criterio o factor este último que el decreto recurrido ha ponderado adecuadamente, como prueba que junto al "valor económico de las pretensiones ejercitadas en el pleito" o cuantía del procedimiento (a la que otorga valor meramente orientador), se aludiera también al valor* *(igualmente orientador) del dictamen ("informe") del Colegio de Abogados (que consideró que la suma de 2.000 euros más IVA —finalmente reconocida por el decreto recurrido— era conforme con sus criterios orientadores), a "los escritos objeto de minutación", a "las alegaciones de las partes", a la "complejidad y trascendencia de los temas suscitados en esta fase del procedimiento" (en línea con la doctrina que valora que hayan precedido dos instancias, con sus correspondientes gastos y costas) y, en definitiva, al "esfuerzo de dedicación y estudio exigido por las circunstancias concurrentes", que por la complejidad de este tipo de asuntos parece razonable valorar muy por encima de la cantidad que propone la parte recurrente".*

Jurisprudencia menor como la de la Audiencia Provincial de Valencia de 19 de diciembre de 2023 (**TOL9.952.588)** también recoge la posibilidad de, dada la complejidad de la cuestión debatida, apreciar la excepción al límite del tercio (era un caso de un juicio ordinario con acción declarativa de dominio, reivindicatoria...). Alega esta resolución, para justificar la condena que excede el tercio de la cuantía que hay que atender a "la complejidad del asunto, la fase del proceso, los motivos del recurso...". Y entiende justa la tasación solicitada, excluyendo los límites de la tercera parte.

También se ha planteado en ocasiones si la regla que aparece en algunos Criterios Orientadores sobre un mínimo a repercutir en la tasación es prioritaria respecto al art. 394.3 LEC. En una tasación en la que se me planteó dicha aplicación "automática" del mínimo (que excedía la tercera parte del proceso) se resolvió: "No debería ser vinculante en este caso y, por tanto, no repercutible en el condenado en costas, el mínimo al que se refiere el art. 8 de los Criterios del Ilustre Colegio de Abogados de Alcoy. Como dice la S.A.P. Huelva de 20 de abril de 2005 (**TOL655.924**): *"La Ley de Enjuiciamiento Civil establece límites a la posibilidad de resarcirse de los indicados gastos a costa del vencido en el pleito ya que la suma que vendrá obligado a pagar <u>no podrá exceder de la tercera parte de la cuantía en litigio, salvo que se declare en la sentencia que ha litigado temerariamente.</u> No habiéndose declarado la temeridad del litigante condenado en costas, lleva a la conclusión de que el límite deberá ser establecido al practicarse la tasación, tal y como establece el artículo 243 de la Ley de Enjuiciamiento* *civil"*. Por tanto, fuera del caso de la temeridad (y, después, el del caso de "renta antigua", que hemos visto *supra*), no cabe alegar la literalidad de los Criterios Orientadores.

Otra cuestión que se ha planteado en ciertas ocasiones es si es aplicable la regla de la tercera parte de la cuantía del art. 394.3 a los procesos de ejecución o sólo a los declarativos. En mi opinión, y en base a los argumentos de la sentencia de la Audiencia Provincial de Castellón de 29 de enero de 2008, es perfectamente extrapolable a los procesos de ejecución, pues, de lo contrario, se estaría excluyendo una regla general a un proceso, como el de ejecución, sin motivo. Eso sí, la cuantía del pleito debe incluir intereses y costas presupuestados de acuerdo con el art. 575.1 LEC, y, a partir de ahí, aplicar el tercio de la cuantía.

Aunque es un tema muy discutido en la doctrina y la jurisprudencia, se considera —por cuestiones de justicia material—, que la tesis que expone la Audiencia Provincial de Castellón en resolución de 29 de enero de 2008 **(TOL7.240.642)** es la adecuada: "*Es cierto que no es pacífica la doctrina de las distintas Audiencias Provinciales en lo relativo a la aplicabilidad del límite del art. 394.3 de la LEC a los procesos que no son declarativos, existiendo resoluciones en un sentido y en otro, tal como respectivamente recogen los apelantes y los apelados.*

En línea con lo manifestado por el Auto de la Sección Tercera de esta Audiencia, de 10 de enero de 2002, hay que tener en cuenta que la condena en costas no tiene el carácter de sanción pecuniaria, sino que simplemente supone que debe pechar con los gastos del proceso quien litigó sin razón, de modo que entre el importe de las costas procesales y la cuantía del pleito debe existir una razonable relación; por tal motivo el art. 394.3 de la LEC aludido establece el límite de la tercera parte de la cuantía del pleito. Hemos de tener en cuenta que en otro caso el derecho de acceso a la Jurisdicción para obtener tutela judicial efectiva se vería burlado en caso de alcanzar el importe de las costas cantidades que en definitiva harían inefectivo el derecho propio.

En esta línea se ha pronunciado la SAP de Burgos de 13 de febrero de 2002 (SEC. 2.ª), indicando: "Como se deja dicho, el problema se contrae a establecer la interpretación que debe darse al precepto considerado, heredero histórico del párrafo último del artículo 523 de la Ley de Enjuiciamiento civil, aprobada por el Real Decreto de 3 de febrero de 1881, y redactado por la Ley 34/1984, de 6 de agosto, de Reforma Urgente de la Ley de Enjuiciamiento Civil, y que busca limitar en lo posible los efectos económicos excesivamente desfavorables de una condena en costas, desde el momento en que una cuantía excesiva de los gastos procesales repercutible en una sola de las partes puede tener un efecto disuasorio en exceso a acceder a los Tribunales, incompatible con el derecho a acceder a los Tribunales que consagra el artículo 24 de la Constitución Española.

Dicho precepto no establece*, como no lo establecía su precedente, pese a lo mantenido por la parte beneficiada por la condena en costas,* ***una distinción, según el tipo de pretensión que se discuta en el juicio*** *en que se aplique el aludido artículo, por lo que dicho precepto será aplicable en todo lo que se refiere a juicios en los que se debata una reclamación dineraria y* ***cualquier otro tipo de pretensión,*** *pues si el legislador hubiera querido que se aplicase en unos casos sí y en otros no, lo hubiera dicho —"ubi lex non distinguit, nec non distinguere debemus"— y, puesto que no establece ninguna norma especial al respecto, deberán ser aplicadas sus normas con carácter general en relación con todas las personas que intervienen en el proceso".*

En definitiva, caben dos lecturas sobre la controvertida limitación legal. La primera, que es seguida en la sentencia de instancia, establece una interpretación restrictiva de modo que sólo sería aplicable a los juicios declarativos. Por el contrario, ***entendemos que el art. 243.2 de la LEC,*** *en sede de tasación de costas,* ***es aplicable a todo tipo de procesos y la remisión al art. 394.3 de su texto debe entenderse referida al contenido sustantivo del límite, pero no al tipo de procesos,*** *pues nada de ello dice el art. 243.2, que no se remite al apartado 1.º del art. 394 del que provendría la limitación procedimental a los juicios declarativos".*

Piénsese en que la misma solución se habría adoptado si el ejecutante hubiese sido condenado en costas después de un hipotético incidente de oposición a la ejecución, con estimación total de dicha oposición. En ese caso, también se aplicaría este criterio, es decir, el límite del tercio de la cuantía, por una cuestión también de seguridad jurídica (art. 9.3 CE).

2.1.1. Otras reducciones legales

Otra de las reducciones que el Letrado de la Administración de Justicia debe aplicar de oficio es la establecida en el art. 575.1 bis LEC, en el ámbito de la ejecución, siendo muchas veces aplicable al ámbito de la ejecución hipotecaria (donde es especialmente relevante el concepto de "vivienda habitual"):

"1 bis. En todo caso, en el supuesto de ejecución de vivienda habitual las costas exigibles al deudor ejecutado no podrán superar el 5 por cien de la cantidad que se reclame en la demanda ejecutiva."

Se da con cierta frecuencia la presentación de tasaciones en las que, si bien el Letrado reduce al 5% de la cantidad por la que se despachó ejecución (575 bis 1 de la LEC), no tiene en cuenta que esta reducción debe producirse sobre el total de la tasación de costas (es decir, incluyendo Abogado y Procurador), por lo que la cantidad concreta que se asigna deberá ser la cantidad atribuida tanto al Letrado como al Procurador y, en definitiva, el total de la tasación. Y es ahí donde el Letrado de la Administración de Justicia debe corregir la misma y tasar conforme a lo establecido en la Ley.

2.2. El art. 32.5 LEC y la trascendencia del domicilio del beneficiario de las costas

Es bastante frecuente que se presenten tasaciones de costas basadas en efectivas condenas en costas (es decir, en la resolución firme se condena en costas) pero que acaban en lo que he venido a denominar "tasaciones valor cero". Me explico. Se dan supuestos en los que no procede incluir honorarios de Letrado ni partida o derecho alguno de Procurador, puesto que, según la cuantía del procedimiento (inferior a 2.000 euros), es de aplicación el art. 32.5 de la LEC: *"Cuando la intervención de Abogado y Procurador* ***no sea preceptiva,*** *de la eventual condena en costas de la parte contraria a la que se hubiese servido de dichos profesionales* ***se excluirán los derechos y honorarios devengados por los mismos, salvo que*** *el tribunal aprecie* *temeridad en la conducta del condenado en costas o que el domicilio de la parte representada y defendida esté en lugar distinto de aquél en que se ha tramitado el juicio, operando en este último caso las limitaciones a que se refiere el apartado 2 del art. 394 de la Ley".* Efectivamente, en estos casos la intervención de Abogado y Procurador no es preceptiva (art. 31 y 23 LEC, respectivamente); la temeridad o mala fe no ha sido apreciada expresamente por el Tribunal en la sentencia; y el domicilio de la parte representada y defendida se encuentra en la misma localidad donde se ha tramitado el pleito, según consta en los autos. En estos supuestos, la tasación no puede más que importar "cero euros". En definitiva, la tasación se realiza, porque es el momento procesal oportuno y porque hay que abrir la posibilidad del trámite de impugnación, pero su valor será nulo. No cabría, por el contrario, poner una Diligencia de Ordenación o Decreto que denegase la práctica de la tasación, porque la tasación sí que hay que realizarla. Otra cosa es que, por aplicación del art. 32.5 de la LEC, su valor sea cero y no se puedan tener en cuenta las partidas solicitadas.

Un caso particular, sin embargo, es el de un supuesto en el que no haya que incluir honorarios de Letrado y derechos de Procurador por aplicación del art. 32.5 LEC o directamente porque no exista condena en costas pero que sí haya que incluir ciertos suplidos como la tasa judicial: hay casos en los que la parte actora ha debido abonar la tasa judicial como persona jurídica que es, y en virtud del art. 241.1. 7.º LEC se ha de incluir como suplido:

"7.º La tasa por el ejercicio de la potestad jurisdiccional, cuando sea preceptiva. No se incluirá en las costas del proceso el importe de la tasa abonada en los procesos de ejecución de las hipotecas constituidas para la adquisición de vivienda habitual. Tampoco se incluirá en los demás procesos de ejecución derivados de dichos préstamos o créditos hipotecarios cuando se dirijan contra el propio ejecutado o contra los avalistas".

Piénsese en la tasación de costas, por ejemplo, de una ejecución de título judicial dimanante de un procedimiento monitorio general en la que, a la hora de solicitar la tasación de costas, no se pueden incluir conceptos relativos a la "fase monitoria" (porque no hay condena legal). Pero sí se puede incluir el suplido "tasa judicial" que el demandante ha tenido que abonar preceptivamente por ser, como se ha dicho, persona jurídica y la reclamación superior a 2.000 euros. Excepción hecha, claro está del supuesto en el que el monitorio hubiese pretendido el pago de un préstamo o crédito hipotecario (supuesto muy poco frecuente y bastante inviable).

Es conveniente, a la hora de solicitar la tasación de costas o de practicarla por parte del Letrado de la Administración de Justicia, explicar los motivos por lo que, en un caso de cuantía inferior a 2.000 euros se practica la tasación. Así, el Letrado de la Administración de Justicia puede, al comienzo de la tasación exponer las razones de su práctica, en aras de evitar posibles impugnaciones.

F.1 MODELO DE TASACIÓN DE COSTAS PRACTICADA POR EL LETRADO DE LA ADMINISTRACIÓN DE JUSTICIA JUSTIFICANDO SU PRÁCTICA POR TENER EL BENEFICIARIO DE LA CONDENA EN COSTAS EL DOMICILIO EN LUGAR DISTINTO AL DE TRAMITACIÓN DEL JUICIO A PESAR DE SER DE CUANTÍA INFERIOR A 2.000 EUROS

Normativa aplicable: *arts. 32.5 y 243 de la Ley 1/2000, de 7 de enero, de Enjuiciamiento Civil (LEC).*

Supuesto de hecho: *Se explica al comienzo de la tasación de costas por parte del Letrado de la Administración de Justicia, en previsión de una futura impugnación, el motivo por el que se practica la misma; siendo la aplicación estricta del art. 32.5 LEC, al ser el domicilio del beneficiario de la condena en costas distinto al lugar donde se ha tramitado el pleito.*

TASACIÓN DE COSTAS

QUE PRACTICA EL LETRADO DE LA ADMINISTRACIÓN DE JUSTICIA D. XXXX DE ACUERDO CON LO DISPUESTO EN EL ARTÍCULO 243 DE LA LEY 1/2000, DE ENJUICIAMIENTO CIVIL (LECn), EN EL JUICIO VERBAL XX/XX en el que ha quedado condenada la parte demandada, según sentencia firme de este Juzgado de X de X de Y..

Se practica la presente tasación en virtud del art. 32.5 de la LEC, puesto que, aunque la cuantía sea inferior a 2.000 euros, la parte representada y defendida beneficiada por la condena en costas tiene su residencia en lugar distinto a aquel donde se ha tramitado el juicio, a saber, Valencia (C/ X), según consta en la demanda. Sin que se haya podido acreditar, a fecha actual, que la sede de Alcoy se encuentre con actividad comercial, puesto que, de la búsqueda efectuada por este Letrado de la Administración de Justicia por Internet, no se ha encontrado ninguna página web oficial actualizada en la que conste "establecimiento abierto al público" a los efectos del art. 51.1 LEC de la empresa XXXXX, con independencia de que sí que parece que existió en el pasado. En la siguiente página web, en consulta realizada a día de la fecha, aparecen los "Centros de Venta y Atención" de la Comunitat Valenciana, donde no consta ningún centro en la ciudad de Alcoy:

(enlace WEB)

(Realizado sobre formulario de elaboración propia)

En este supuesto, no se acredita la existencia de sucursal del beneficiario en costas en el lugar donde se ha tramitado en juicio por lo que es útil tenerlo en cuenta para justificar la práctica de la tasación con inclusión de partidas y la no aplicación del art. 32.5 LEC. Son supuestos muy frecuentes en pleitos en los que están involucradas compañías de seguros (tráficos u otros) o en los que intervienen compañías de suministros (luz, gas...).

También debería practicarse la tasación de costas, aunque la cuantía sea inferior a 2.000 euros, en el supuesto de una ejecución de título judicial dimanante de un juicio monitorio donde la parte representada y defendida beneficiada por la condena en costas del art 539 LEC tiene su domicilio en lugar distinto al que se ha tramitado el pleito. Para determinar si es inferior a 2.000 euros no es necesario incluir intereses y costas presupuestados de la ejecución —art. 575.1 LEC— (A.A.P. Madrid 28-12-2007 —**TOL7.413.786**—); por tal motivo no ha sido necesario Procurador en este asunto. Así, si la parte representada y defendida beneficiada por la condena en costas tiene su residencia en lugar distinto a aquel donde se ha tramitado el juicio (a saber, X, según consta en la demanda de juicio monitorio), se puede practicar la tasación.

Y, por último, y en relación a la aplicación del art. 32.5 LEC, hay que comentar un caso muy especial que hay que tener en cuenta a la hora de presentar las demandas en las que se reclaman cuotas impagadas en materia de Propiedad Horizontal. Es absolutamente conveniente la utilización del proceso monitorio frente al juicio verbal si queremos, como demandante, que haya una condena en costas efectiva, en los supuestos de reclamaciones de cuantía inferior a 2.000 euros. Porque nos podríamos encontrar con la siguiente tasación de "valor cero":

F.2 MODELO DE TASACIÓN DE COSTAS PRACTICADA POR EL LETRADO DE LA ADMINISTRACIÓN DE JUSTICIA JUSTIFICANDO SU RESULTADO "VALOR CERO" POR TENER EL BENEFICIARIO DE LA CONDENA EN COSTAS EL DOMICILIO EN EL MISMO LUGAR DE TRAMITACIÓN DEL JUICIO SIENDO LA CUANTÍA INFERIOR A 2.000 EUROS Y HABIENDO ELEGIDO EL JUICIO VERBAL EN LUGAR DEL PROCEDIMIENTO MONITORIO

Normativa aplicable: *arts. 32.5 y 243 de la Ley 1/2000, de 7 de enero, de Enjuiciamiento Civil (LEC). Art. 21.5 de la Ley 49/1960, de 21 de julio, de Propiedad Horizontal.*

Supuesto de hecho: *Se justifica la tasación de costas "valor cero" por haberse presentado un juicio verbal inferior a 2.000 euros en lugar de un procedimiento monitorio y encontrarse el domicilio del beneficiario de las costas en el mismo lugar de tramitación del juicio.*

TASACIÓN DE COSTAS

QUE PRACTICA EL LETRADO DE LA ADMINISTRACIÓN DE JUSTICIA D. XXXX DE ACUERDO CON LO DISPUESTO EN EL ARTÍCULO 243 DE LA LEY 1/2000, DE ENJUICIAMIENTO CIVIL (LECn), EN EL JUICIO VERBAL XX/XX en el que ha quedado condenada la parte demandada, según decreto firme de este Juzgado de X de X de Z.

No procede incluir honorarios de letrado ni partida o derecho alguno de procurador, puesto que, según la cuantía del procedimiento (421,24 euros), es de aplicación el art. 32.5 de la LEC: "Cuando la intervención de Abogado y Procurador no sea preceptiva, de la eventual condena en costas de la parte contraria a la que se hubiese servido de dichos profesionales se excluirán los derechos y honorarios devengados por los mismos, salvo que el tribunal aprecie temeridad en la conducta del condenado en costas o que el domicilio de la parte representada y defendida esté en lugar distinto de aquél en que se ha tramitado el juicio, operando en este último caso las limitaciones a que se refiere el apartado 2 del art. 394 de la Ley", Efectivamente, la intervención de Abogado y Procurador no es preceptiva (art. 31 y 23 LEC, respectivamente); la temeridad o mala fe no ha sido apreciada expresamente por el Tribunal en la sentencia; y el domicilio de la parte representada y defendida se encuentra en Alcoy, C/ X, según consta en autos. ***Como expresa la sentencia de la Audiencia Provincial de Alicante (secc.9.ª) de 13-9-10****, "se ha utilizado, para la reclamación de cuotas comunitarias debidas, el juicio verbal como proceso declarativo por razón de la cuantía, y no el proceso monitorio del art. 812.2.2.º, para el que además el art. 21.2 de la LPH prevé un proceso monitorio específico (...)* ***Como no se ha utilizado este proceso especial, habrá que estar a las reglas generales, que excluyen de la obligatoriedad de asistencia letrada y de representación por Procurador a los juicios verbales de cuantía inferior*** *a 900 euros". (téngase en cuenta que en la actualidad son 2.000 euros. Nota del autor).*

(Realizado sobre formulario de elaboración propia)

Por tanto, la propia jurisprudencia menor (AAP Alicante de 13 de septiembre de 2010 —**TOL1.992.314**—) nos deja muy claro la aplicación preferente del art. 21 LPH frente a las reglas generales del art. 32.5 aplicables a los juicios verbales; y por ello, se corre el gravísimo riesgo de obtener una condena en costas con una tasación "valor cero" si se presenta un juicio verbal en lugar de un procedimiento monitorio.

Las ventajas del procedimiento monitorio son evidentes: no tendremos problemas con la localización del demandado (en el monitorio de propiedad horizontal sí cabe la notificación edictal), por lo que en ese sentido no nos reporta especiales ventajas la presentación del declarativo; y, además tendremos, con independencia de la cuantía, el art. 21.5 LPH que nos permite la presentación de la tasación. Por otra parte, al tratarse de comunidades de propietarios radicadas, muchas de ellas, en el mismo lugar de la sede del Tribunal (piénsese Madrid capital, por ejemplo), en un juicio verbal siempre se va a tramitar el juicio "en el mismo lugar" del beneficiado de las costas, por lo que siempre sería de aplicación el art. 32.5 LEC (además, con la incomodidad de que, entre Villaverde Alto y Valdebebas puede existir una distancia considerable pero no hay beneficio alguno con la aplicación de este articulo). Sin embargo, si entendemos como lugar, el "municipio" cabeza del partido judicial (que es como creo que hay que entenderlo), sí se podría plantear por una comunidad de propietarios de municipio distinto al de cabeza del partido judicial presentar un juicio verbal (Cocentaina respecto de Alcoy, por ejemplo). Pero, siendo el procedimiento monitorio tal como se ha expuesto, se valoran las ventajas evidentes de su presentación frente al juicio verbal.

2.3. Otras causas de tasación "valor cero" o denegación de su práctica

Se ha planteado, sobre todo en los primeros años de aplicación de la LEC 1/2000, si cabía la práctica de la tasación de costas en el procedimiento monitorio general (excluyendo el de propiedad horizontal, donde está fuera de toda duda su procedencia). En relación a los Procuradores, como destaca Martínez de Santos, la aplicación del art. 24.1 y 2 del R.D. 434/2024 (nuevo Arancel) requiere la expresa condena en costas, que hoy solo se produce en los monitorios sujetos a la Ley de Propiedad Horizontal.

Así, los fundamentos para la tasación "valor cero" en el caso de que solicitase una tasación de costas dimanante de un procedimiento monitorio general serían los del siguiente formulario:

F.3 MODELO DE TASACIÓN DE COSTAS PRACTICADA POR EL LETRADO DE LA ADMINISTRACIÓN DE JUSTICIA CON "VALOR CERO" AL NO EXISTIR EN UN PROCEDIMIENTO MONITORIO GENERAL CONDENA EN COSTAS POR VÍA LEGAL

Normativa aplicable: *arts. 32.5 y 243 de la Ley 1/2000, de 7 de enero, de Enjuiciamiento Civil (LEC). Art. 21.5 de la Ley 49/1960, de 21 de julio, de Propiedad Horizontal (LPH).*

Supuesto de hecho: *Se explican los motivos en la tasación de costas por los que se valora como "cero" puesto que en el procedimiento monitorio no existe condena en costas salvo en el caso de que la materia verse sobre Propiedad Horizontal.*

TASACIÓN DE COSTAS

QUE PRACTICA EL LETRADO DE LA ADMINISTRACIÓN DE JUSTICIA D. XXXX DE ACUERDO CON LO DISPUESTO EN EL ARTÍCULO 243 DE LA LEY 1/2000, DE ENJUICIAMIENTO CIVIL (LECn), EN EL PROCEDIMIENTO MONITORIO XX/XX.

No procede la práctica de tasación de costas en el presente procedimiento monitorio. El proceso monitorio sólo tiene un supuesto en el que se autoriza la práctica de la tasación de costas, que es el previsto en el art. 21.5 de la LPH. Por la vía del art. 32.5 LEC (domicilio distinto al del trámite del juicio) no es posible la práctica de la tasación de costas, y ello porque su aplicación exigiría un pronunciamiento sobre las costas (art. 394 LEC) que no se produce en este tipo de procedimientos. Ni tampoco podría ser entendido como ejecución, según el art. 539 LEC. Es decir, al proceder a la práctica de una tasación de costas debe verificarse que el pago de las costas procesales ha sido impuesto a una de las partes que ha intervenido, pues de no existir condena no habría lugar a la misma. La pretendida condena no tiene su origen ni en resolución judicial ni en una disposición de carácter legal, como en los procedimientos de ejecución en este último caso. Por lo tanto, si no existe condena en costas, no procede practicar la misma, y, en consecuencia, incluir partida alguna (STS 11-11-97).

TOTAL (s.e.u.o.): ***0*** *Euros.*

Importa la presente tasación de costas la cantidad de ***CERO Euros.***

En XXXX, a XX de XX

EL LETRADO DE LA ADMINISTRACIÓN DE JUSTICIA

(Elaborado sobre formulario de elaboración propia)

Así, como se puede observar, el principal motivo para la exclusión de todas las partidas es la falta de previsión legal de su condena (STS 11 de noviembre de 1997 —**TOL216.427**—) Téngase en cuenta que, para la presentación de un procedimiento monitorio no es preceptiva en ningún caso la postulación procesal, es decir, se puede presentar sin Abogado y Procurador, con independencia de la cuantía. Por ello, de la redacción de los arts. 812 a 818 LEC, no se puede deducir en ningún caso que exista una condena en costas expresa.

Sin embargo, un caso distinto que no daría lugar a una tasación "valor cero" sino a un Decreto resolviendo la no práctica de la tasación sería la de su solicitud en un momento procesal extemporáneo, es decir, que no corresponda su práctica por no ser el momento procesal oportuno. Correspondería, por ejemplo, al supuesto —bastante frecuente, por otra parte— de presentación de una solicitud de tasación de costas "en medio" de una ejecución de título judicial donde todavía no se ha satisfecho el principal reclamado. Esto daría lugar a un Decreto del siguiente tenor. La diferencia con la tasación "valor cero" sería que, con este Decreto, cabría recurso de reposición y, posteriormente, de revisión ante el Juez; por lo que no se abrirían los trámites de impugnación por indebidas o excesivas previstos en el art. 246 LEC.

F.4 MODELO DE DECRETO DENEGANDO LA PRÁCTICA DE LA TASACIÓN DE COSTAS POR NO EXISTIR RESOLUCIÓN FIRME O NO SER EL MOMENTO PROCESAL OPORTUNO

Normativa aplicable: *arts. 242.1, 243 Y 539 de la Ley 1/2000, de 7 de enero, de Enjuiciamiento Civil (LEC).*

Supuesto de hecho: *Se dicta decreto en una ejecución en la que no se ha terminado de pagar el principal reclamado y se solicita la tasación de costas. El momento procesal oportuno para la solicitud de liquidación de* *intereses y tasación de costas es cuando se ha satisfecho todo el principal por el que se ha despachado ejecución.*

DECRETO

LETRADO DE LA ADMÓN. DE JUSTICIA D. XXXX

En XXX, a XX de XX.

ANTECEDENTES DE HECHO

ÚNICO.— La parte ejecutante ha presentado solicitud de tasación de costas en fecha XXXX, sin que se haya acreditado el pago del principal reclamado, ni judicial ni extrajudicialmente.

FUNDAMENTOS DE DERECHO

ÚNICO.— Se entiende que no es el momento procesal oportuno para la práctica de la tasación de costas en el presente procedimiento de ejecución porque el art. 539 de la LEC establece que "las costas del proceso de ejecución (...) serán a cargo del ejecutado sin necesidad de expresa imposición, pero, hasta su liquidación, el ejecutante deberá satisfacer los gastos y costas que se vayan produciendo, salvo los que correspondan a actuaciones que se realicen a instancia del ejecutado o de otros sujetos, que deberán ser pagados por quien haya solicitado la actuación de que se trate". Por tanto, en este caso no está justificada la presentación de solicitud de tasación de costas, puesto que la parte ejecutante no acredita que se le haya satisfecho el principal reclamado, ni judicial ni extrajudicialmente. La práctica de tasación de costas en este momento procesal daría lugar a tantas tasaciones de costas como la parte quisiera, multiplicándose partidas, tanto de Letrado como de Procurador por los mismos conceptos. No se puede alegar como razón para la presente petición el hecho de no haber conseguido notificar o embargar bien alguno al ejecutado. En conclusión, no es posible tasar costas hasta la satisfacción plena del principal reclamado, debiendo el ejecutante satisfacer los gastos y costas que se vayan produciendo, conforme a lo establecido en la Ley.

PARTE DISPOSITIVA

Acuerdo:

Denegar la solicitud de tasación de costas por parte de la parte ejecutante, por las razones expresadas en el fundamento de derecho único de esta resolución.

MODO DE IMPUGNACIÓN: Recurso de reposición ante el Letrado de la Administración de Justicia en el plazo de cinco días (art. 453 LEC).

(Elaborado sobre formulario de elaboración propia)

2.4. La retención por IRPF y su exclusión

No es infrecuente encontrarse en las solicitudes de tasación de costas que Letrados y Peritos incluyen el concepto "retención por IRPF" (normalmente con un 15%). Sin embargo, ante dicha inclusión, el Letrado de la Administración de Justicia debe proceder a su exclusión. Y ha de excluirse puesto que, tal como tiene declarado la Sala Primera de nuestro Tribunal Supremo, entre otras, en sentencia. 443/2000, de 18 de abril (**TOL169.911**), la retención de IRPF se ha de practicar a todo sujeto que abone honorarios a profesionales por los servicios prestados, pero no procede en la tasación *"[..] puesto que la reclamación de honorarios, no se efectúa contra el propio cliente, sino a la parte que procesalmente ha sido contraria al mismo y condenada al pago de las costas procesales".* (AAP Madrid 1-10-07 —**TOL7.421.103**—). En idéntico sentido, STS, Sala 1.ª, de 20-9-2007 **(TOL1.146.772).**

Parte II

Vigencia de los Criterios Orientadores de los honorarios de la Abogacía ante la aprobación de la Ley 25/2009. La situación ocasionada por las Sentencias del TS de 19 de diciembre de 2022 y 23 de diciembre de 2022. La Ley Orgánica del derecho de defensa 5/2024 y la "legalización" de los Criterios Orientadores

1. CRITERIOS ORIENTADORES HASTA LA JURISPRUDENCIA DEL TS DE DICIEMBRE DE 2022 Y SITUACIÓN PROVOCADA COMO CONSECUENCIA DE LA MISMA

La Sentencia de la Audiencia Nacional (Sala de lo Contencioso) de 20 de julio de 2021 **(TOL8.539.331)** esgrime que hay infracción de las normas sobre competencia porque la difusión de los Criterios Orientadores a efectos de tasación de costas y jura de cuentas "*tiene aptitud para homogeneizar el precio de los servicios jurídicos, en la medida que reducen la incertidumbre sobre el comportamiento entre competidores en el mercado de prestación de servicios jurídicos por lo que su calificación como recomendación colectiva de precios es correcta y ajustada a derecho*". La sentencia reconoce explícitamente el derecho colegial a disponer de los Criterios, pero no a que sean conocidos por los destinatarios de a quien deba aplicarse.

Llácer Bosbach recoge en su artículo "*Idas y venidas en la tasación de honorarios de los Abogados*" que los Colegios decían: "*no facilitamos los Criterios porque están derogados*". Y es que la Ley 25/2009, la denominada "Ley Ómnibus", modificó la Ley de Colegios Profesionales estableciéndose la prohibición expresa de éstos de emitir cualquier recomendación, orientación o directriz en cuanto a honorarios profesionales. Esto dio lugar a sancionar a ocho Colegios por supuestas prácticas restrictivas de la competencia por parte de la Comisión Nacional de los Mercados y de la Competencia (CNMC). Ejemplo de ello fue el expediente S/DC/0587/16 "*Costas Bankia*" de 8 de marzo de 2018. Dicha decisión fue recurrida en base a que se decía que la solicitud de tasación de costas debía ser conducta exenta en base a la Ley de Colegios Profesionales 21/1974 y la LEC. Y se argumentaba generalmente por la doctrina del Tribunal Supremo que la finalidad de las costas no es determinar los honorarios de la parte beneficiada en la condena en costas sino determinar el alcance de la "carga" que suponen las costas, de naturaleza condenatoria y a la vez resarcitoria de la parte condenada a su pago. Pese a la solicitud de suspensión cautelar de la citada resolución, la Audiencia Nacional (Secc. 6.ª Sala Contencioso) lo desestima, por lo que la Abogacía tuvo un verdadero vacío normativo transitorio. Y se volvía a argumentar, por parte de los Colegios de la Abogacía de que no era posible acordar precios con anterioridad porque sus clientes no son nunca la parte contraria que ha de abonar las costas procesales. Gran verdad, desde luego.

En definitiva, la Ley 25/2009, de 22 de diciembre, de modificación de diversas leyes para su adaptación a la Ley sobre el libre acceso a las actividades de servicios y su ejercicio (vulgarmente conocida como "Ley Ómnibus") y en vigor desde el 27 de diciembre de 2009, establece que "*los colegios profesionales y sus organizaciones colegiales no podrán establecer baremos orientativos ni cualquier otra orientación, recomendación, directriz, norma o regla sobre honorarios profesionales salvo lo establecido en la disposición adicional cuarta*". El precepto recogía la doctrina que exigía la normativa comunitaria sobre defensa de la competencia. Sin embargo, establece una excepción fundamental. Según la citada Disposición Adicional Cuarta:" *los colegios podrán elaborar criterios orientativos a los exclusivos efectos de la tasación de costas y de la jura de cuentas de los abogados. Dichos criterios serán igualmente válidos para el cálculo de honorarios y derechos que corresponden a los efectos de tasación de costas en asistencia jurídica gratuita*". Con esta regulación, se despejaban las dudas que se habían planteado en ese año 2009 en determinados colegios profesionales. Así, el Pleno del Consejo Valenciano de Colegios de Abogados acordó derogar y dejar sin efecto el Baremo de Orientación de Honorarios Profesionales aprobado en sesión de 9 de noviembre de 2007. Todo ello debido a las recomendaciones que el Servicio de Defensa de la Competencia había dado a los Colegios Profesionales, ante la posible apertura de expedientes sancionadores en esta materia. Ante esta situación, algunos Colegios entendieron que en materia de tasación de costas, y ante una eventual impugnación de los honorarios de Letrado por excesivos, éstos debían realizar sus informes sobre si resultaban efectivamente excesivos o no, en base a los "conocimientos, usos y costumbres" que en materia de honorarios se hubieran venido aplicando por los Abogados de la demarcación territorial, sin que resultase de aplicación, por tanto, a dichos informes —los del 246.1 de la LEC—, los Criterios Orientadores que se contenían en el Baremo derogado. Sin embargo, esto no es así exactamente pues, como hemos visto, con la DA4.ª en la mano de la Ley 25/2009, se pueden establecer criterios orientativos a estos exclusivos efectos. Sin embargo, el juego de tener como principio "la costumbre" a la hora de determinar las cantidades por las que se puede condenar en costas ha sido muy efectivo desde entonces hasta el momento actual, pues, ante la falta de orientaciones concretas sobre el tema, no cabía más que considerar "costumbre" a los diferentes Criterios Orientadores o Baremos.

En cuanto a la intervención del Letrado de la Administración de Justicia en la reducción de la minuta de honorarios del Letrado, destacaremos la S.A.P Asturias de 10 de diciembre de 2009 **(TOL1.770.747)**, según la cual "*el Sr. Secretario* ***no puede entrar a decidir la cuantía de los honorarios del letrado, salvo el límite prevenido***

***en el art. 394 LEC**, pero sí puede y debe realizar la tasación de los derechos arancelarios de acuerdo con la norma y con independencia de lo reclamado en la cuenta del Procurador. Es pues, correcto el hecho de que si el Sr. Secretario no estimó correcta la aplicación de los artículos arancelarios hecha por la parte beneficiaria de la condena en costas, haga la regulación que estime pertinente*". Hay que traer aquí a colación a autores como Achón Bruñén en cuanto a la doctrina que establece sobre si por aplicación indebida de los Aranceles se incluye en la tasación un importe excesivo o insuficiente en concepto de derechos del Procurador, el Letrado de la Administración de Justicia debe subsanar el error en que hubiere incurrido sin necesidad de sustanciar incidente de impugnación alguno. Sobre esta Sentencia diremos que, si bien es cierto que el Letrado de la Administración de Justicia "*no puede entrar a decidir la cuantía de los honorarios del letrado, salvo el límite prevenido en el art. 394 LEC*", se estima que habría que entender que el Letrado de la Administración de Justicia sí puede entender que la cuantía es incorrecta si se alega una norma o criterio orientador que no tiene nada que ver con el asunto, en cuyo caso, antes de fijar libremente la cuantía, se daría traslado al Letrado para que se adecuase a dicho criterio, y una vez corregido, tasar. Se viene a decir con lo anterior que el Letrado de la Administración de Justicia sí debe fijarse en la cuantía y si corresponde con el Criterio Orientador (o con la "costumbre"), y no debe pensar exclusivamente en el límite del tercio del art. 394 LEC. En definitiva, no comparto el criterio de algunos Letrados de la Administración de Justicia que sólo comprueban, a la hora de practicar la tasación, y en relación a la minuta de honorarios del Letrado, si excede o no del tercio, pues siguen existiendo unos Criterios Orientadores —o como queramos llamarlos— y hay que, al menos, invocarlos en la propuesta de tasación y aplicarlos (aunque sólo sea como "costumbre", lo exige la seguridad jurídica).

Evidentemente, en lo que el Letrado de la Administración de Justicia no puede entrar es en valorar si ese Abogado es más oneroso o más económico, que es lo que en el fondo parece querer decir la Audiencia asturiana, y no se le puede controlar en ese sentido como al Procurador, que está obligado por el Arancel.

Pero sí que puede determinarse si ese Abogado sigue los Criterios Orientadores o no y, en su caso, como ya se ha dicho, requerirle para que se adapte a ellos o, al menos, a la "costumbre" del lugar, a efectos de evitar impugnaciones innecesarias. En el caso de que insistiese en mantenerlos, se haría constar en la tasación la no adaptación a los mismos o "a la costumbre", se respetaría el límite del tercio del 394 de la LEC tanto para procesos de declaración como de ejecución —como se ha defendido en apartados anteriores— y se abriría el trámite de impugnación para el condenado en costas.

Con la reforma del trámite de impugnación de costas que trajo consigo la Ley 37/2011, de 10 de octubre, de medidas de agilización procesal, se eliminó de la regulación que nos ocupa la vista de juicio verbal y se ha vedado el acceso a la segunda instancia, lo que ha conllevado, inevitablemente, a una disminución progresiva de Jurisprudencia sobre materia de tasación de costas, existiendo cuatro mil criterios diversos sobre múltiples cuestiones que puedan surgir. Aunque siempre tenemos las resoluciones que los órganos superiores (AAPP, TSJ y TS) dicten sobre sus propios asuntos, en recursos de revisión frente a decretos del Letrado de la Administración de Justicia de los mencionados órganos. Pero esta cuestión es altamente criticable, puesto que —y eso se observa todos los días en las impugnaciones presentadas— las "doctrinas" expuestas son Decretos y Autos de Juzgados de Primera Instancia con los que nos recorremos la geografía nacional en un rápido paseo. En lugar de mencionar resoluciones de Audiencias Provinciales como mínimo (la denominada "jurisprudencia menor"), se mencionan resoluciones de los Juzgados de Caldas de Reis, Elche o Don Benito. En definitiva, en mi opinión, la materia de costas es suficientemente importante como para vedar el acceso a la segunda instancia en las impugnaciones por indebidas. No se me ocurre más razón de peso para haber legislado de esta forma que el afán de descarga de las instancias superiores que se demuestra por parte del legislador, a veces atacando al derecho fundamental recogido en el art. 24 de la CE, el derecho a la tutela judicial efectiva. A pesar de todo, se justifica todo ello en la doctrina del TC, en cuya sentencia 253/2007, de 17 de diciembre **(TOL1.228.665)** dice que "*el sistema de recursos se incorpora a la tutela judicial en la configuración que le otorga cada una de las leyes reguladoras de los diversos órdenes jurisdiccionales,* ***sin que exista un derecho constitucional a disponer de tales medios de impugnación***". No existe, por tanto, el llamado "derecho a los recursos", según el Constitucional.

Un momento clave en esta polémica existente sobre la aplicación o no de los Criterios Orientadores son las Sentencias del Tribunal Supremo (Sala 3.ª) de 19 de diciembre de 2022 **(TOL9.356.688)** y 23 de diciembre de 2022 **(TOL9.365.321).** Fueron un terremoto considerable. Vinieron a reforzar los daños producidos por lo temblores que se habían ido produciendo en la última década en la materia. De todos modos, como dice Martínez de Santos, la tasación de costas no puede considerarse como una sanción (STC de 3 de abril de 2006). Y es que resulta ser un evidente problema trasladar el contenido del art. 139.4 LRJCA al proceso civil. En definitiva, la idea de fijar una cifra máxima ofrece pocas garantías, opinión que se comparte.

Perea aboga porque Juntas de Jueces o de Letrados de la Administración de Justicia fijen los Criterios. Tampoco parece fácil de poder llevarse a la práctica.

Así, el Ilustre Colegio de la Abogacía de Madrid realizó el 19 de enero de 2023 un "avance de consideraciones sobre la sentencia del Tribunal Supremo de 23 de diciembre de 2022 (criterios orientadores del ICAM a los exclusivos efectos de tasación de costas y jura de cuentas)".

El Colegio de la Abogacía madrileña dijo: "*En primer lugar y como premisa elemental, el ICAM acata y respeta la resolución dictada por más que ha de expresar al mismo tiempo su respetuosa discrepancia y honda preocupación por elevado grado de incertidumbre en el que se hunde a la sociedad para tener un conocimiento aproximado sobre los eventuales costes de un litigio,* ***pudiendo ello suponer un freno importante al acceso a la tutela judicial ante la ausencia de una previsión razonable de los efectos económicos que puede conllevar una acción judicial.*** *— La reso-*

lución afecta de modo fundamental, no a la abogacía, sino a los propios usuarios de la justicia (empresas o consumidores) en tanto que se les priva de una información necesaria y transparente que hasta ahora les permitía evaluar el potencial riesgo/beneficio del desarrollo de una acción judicial basada en un marco objetivo y uniforme de expectativa de costes en caso de desestimación de la demanda y que los honorarios resultaran impugnados requiriendo la emisión de informe colegial. — La Carta de los derechos del ciudadano ante la Justicia (Pleno del Congreso de los Diputados de 16 de abril de 2.002) prevé que el ciudadano ***tiene derecho a ser informado por su abogado "sobre las consecuencias de ser condenado al pago de las costas del proceso y sobre su cuantía estimada".*** *Y también se recoge de manera explícita en los artículos 12.B.2.b) del Código Deontológico de la Abogacía Española (acuerdo del Pleno del Consejo General de la Abogacía española de 6 de marzo de 2019) y 48.4 del Estatuto General de la Abogacía Española (Real Decreto 135/2021, de 2 de marzo) como una obligación del abogado para con su cliente. Esa información, que resulta esencial para quien acude a la Administración de Justicia. — De este modo,* ***el escenario actual resultante tras la STS elimina la transparencia como pilar básico del derecho de información del consumidor —que ansía el usuario de la justicia y la legítima expectativa de conocer de un modo aproximativo el posible coste del litigio*** *— El origen del problema se encuentra en la deficiente redacción técnica, por falta de claridad o aparente contradicción, de los artículos 14 y la DA 4.ª de la Ley 2/1974, de 13 de febrero, sobre Colegios Profesionales, en la redacción introducida por la Ley 25/2009, de 22 de diciembre ("Ley Ómnibus"). Esto es, el legislador no ha delimitado con la suficiente concreción y claridad el alcance de los criterios orientativos, siendo patente que desde su aprobación en 2009 hasta la actuación de la CNMC en 2016 se ha generado durante casi 7 años una legítima confianza en los operadores jurídicos (abogacía y judicatura) sobre la correcta interpretación de los mismos al utilizarse estos criterios orientadores a los exclusivos efectos de tasación de costas y jura de cuentas elaborados — En los supuestos de impugnación de honorarios el art.* ***246.2 LEC establece expresamente el traslado del testimonio de los autos al Colegio de Abogados para la emisión de informe, disponiendo hasta la fecha de un marco homogéneo, objetivo y transparente con los criterios orientadores.*** *Y ello, sin perjuicio, de que como se advierte expre-*

samente en los mismos, deben adecuarse a las circunstancias concretas concurrentes y que en ningún caso han sido tomados jamás como "tarifas o precios marcados". Este informe es un trámite preceptivo e ineludible por imperativo normativo, pero no vinculante para el juzgador. No obstante, el carácter no vinculante del informe emitido por los Colegios Profesionales, no es menos cierto que como razonara la SAP Madrid, Sección 8.ª, de 14 de diciembre de 2020, constituye una pauta esencial para la valoración de la adecuación y razonabilidad de los honorarios presentados. — ***La resolución dictada por el TS obvia la práctica real de la Abogacía que se desarrolla en un mercado altamente competitivo con una oferta absolutamente elástica y que presenta una elevada variedad de precios y condiciones en la prestación de sus servicios.*** *— La práctica forense de la abogacía, el propio criterio de la Abogacía del Estado conforme a sus actos propios que han defendido la utilidad y acierto del empleo de estos criterios en aquellos casos en que era de su interés y la dinámica habitual de los juzgados en la toma en consideración de estos criterios han venido refrendando hasta la fecha el interés en el establecimiento de unos criterios orientadores a los exclusivos efectos de tasación de costas al margen de los honorarios que pudieran establecerse libremente entre las partes, que como se ha referido en el caso de la abogacía es un mercado altamente elástico (vid. escrito de abogacía y repertorio ilustrativo de resoluciones judiciales). — Hay que tener en cuenta que los abogados de empresa no pactan sus honorarios con el cliente (el empleador) por cuanto los mismos van ínsitos en el sueldo, por lo que difícilmente los criterios orientadores condicionan a la hora de determinar sus honorarios profesionales; criterios que por otra sí les son útiles a la hora de informar al cliente (su empleador)* ***—y en cumplimiento de una obligación deontológica que pesa sobre ellos— sobre las consecuencias económicas que puede conllevar una eventual sentencia contraria con condena en costas en el procedimiento en el que dicho abogado va actuar en defensa de sus intereses.*** *Lo que es predicable respecto del Abogado del Estado, Letrado de la Comunidad Autónoma o Letrado Consistorial (que mutatis mutandi son abogados de empresa en virtud de relación funcionarial aun cuando no estén colegiados) — A nivel europeo, la STJUE de 4 de julio de 2019 (asunto C-377/17) referida al establecimiento de unas tarifas mínimas orientativas —no obligatorias— de arquitectos e ingenieros alemanes ya refrendó en sus considerandos 85 y*

88 que su existencia también puede contribuir al mismo tiempo a evitar el riesgo de degradación de la calidad de prestación de servicios profesionales. Por estas razones, y sin perjuicio del debido respeto que el Alto Tribunal merece, ***el ICAM traslada su preocupación por cuanto que la misma compromete los principios de seguridad jurídica (art. 9.3 CE), dificulta el acceso a la tutela judicial (art. 24 CE) y quiebra el principio de transparencia e información sobre el que se asienta como pilar la protección del consumidor (art. 51 CE).*** *— CONCLUSIÓN:* ***Es urgente la implementación de una solución normativa en el marco de la resolución dictada, el derecho de información del usuario de la justicia y las obligaciones deontológicas y procesales que asume la Abogacía".***

El origen inmediato de esta reacción del ICAM se encontraba en la sentencia del Tribunal Supremo de 23 de diciembre de 2023 **(TOL9.365.321)** que, entre otras cosas afirma (por su absoluta trascendencia se recogen extensos fragmentos de la misma): *"Por esa razón, el art. 26 del nuevo Estatuto General de la Abogacía de 2021, no aplicable entonces precisa ahora que "La cuantía de los honorarios será libremente convenida entre el cliente y el profesional de la Abogacía con respeto a las normas deontológicas y sobre defensa de la competencia y competencia desleal".* ***La existencia de baremos, es decir, listados de precios para cada actuación de los abogados, les permite asignar un precio en euros a cada actuación concreta y tiende a homogeneizar los honorarios cobrados por ellos a la hora de tasar las costas excluyendo la divergencia de precios que resultaría de un sistema libre en el que cada profesional cobra en función de su esfuerzo, capacidad o experiencia.*** *Se trata de una conducta prohibida en el artículo 1 de la LDC que implica una restricción de la competencia por el objeto en la medida en que tiene aptitud para lograr el objetivo perseguido de falseamiento de la libre concurrencia en el mercado. Es decir, se sanciona por el objeto y no por los efectos de tal manera que, al margen del mayor o menor grado de coactividad para materializarse esa recomendación de precios, lo cierto es que la conducta colusoria existe desde el momento en el que por sí misma, dada su naturaleza, tiene capacidad para alterar la competencia* ***Por esa razón, coincidimos con la resolución recurrida en que estamos ante una recomendación colectiva de precios porque el baremo enjuiciado presenta aptitud suficiente para poder incidir en el mercado de los servicios***

profesionales de la abogacía prestados por abogados, *aunque no se consiga dicho efecto necesariamente y sin que el principio de colegiación única altere esta conclusión más allá de su mera invocación por el colegio recurrente. Y ello porque los criterios del ICAM analizados posibilitan que los abogados coordinen sus honorarios al poder anticipar el comportamiento de sus competidores limitando las posibilidades de elección de los usuarios de sus servicios. Paralelamente los colegiados carecen de incentivos para actuar tanto a precios más bajos de los resultantes de aplicar los criterios colegiales —que siempre serán avalados por el informe colegial en caso de impugnación— como a precios superiores para mejorar los servicios ofrecidos por la posible impugnación de la tasación de costas por excesivas.* ***De esta forma, los criterios actuarían como elemento disuasorio de la libre competencia en el mercado de los servicios profesionales prestados por abogados.***

(...)

Los "criterios orientadores de honorarios profesionales" aprobados por el Colegio de Abogados de Las Palmas con fecha 20 de enero de 2010 no tienen el ***limitado ámbito aplicativo al que se refiere la disposición adicional cuarta de la Ley sobre Colegios Profesionales,*** *pues, aunque el propio encabezamiento del acuerdo colegial se refiere a criterios de honorarios que se aprueban "a los efectos de informe a requerimiento judicial en las impugnaciones de tasaciones de costas y jura de cuentas de los Abogados",* ***lo cierto es que su ámbito de aplicación es mucho más amplio.*** *Por lo pronto, tanto la resolución administrativa sancionadora como la sentencia aquí recurrida (F.J. 3.º) dejan señalado que, según la disposición general 4.ª de los "criterios orientadores" aprobados por el Colegio de Abogados de Las Palmas, tales criterios están llamados a servir de guía no sólo en los casos de impugnación de tasación de costas y juras de cuentas ante cualquier órgano judicial, y, por extensión, en materia de asistencia jurídica gratuita —supuestos a los que se refiere la disposición adicional cuarta de la Ley sobre Colegios Profesionales—,* ***sino también "(...) en cualquier procedimiento judicial en el que por el Juzgado se solicite pericia en materia de honorarios profesionales".*** *Y, más relevante aún, también son de aplicación "cuando* ***no exista pacto o presupuesto*** *escrito respecto a la cuantificación de los honorarios y éstos sean objeto de discu-*

*sión entre Abogados o entre Abogado y Cliente" (véase la citada disposición general 4.ª, que figura transcrita en el F.J. 3.º de la sentencia recurrida). Es cierto —y también lo señala la sentencia recurrida en el mismo F.J. 3.º que en un ulterior acuerdo de 28 de enero de 2014 el Colegio de Abogados de Las Palmas decidió **"recordar" a sus colegiados que desde la entrada en vigor de la Ley 25/2009, de 22 de diciembre (Ley ómnibus) los honorarios profesionales son libres**, teniendo únicamente competencias el Colegio en materia de honorarios profesionales en los términos de la disposición adicional cuarta de la Ley sobre Colegios Profesionales, que establece que los colegios podrán elaborar criterios orientativos a los exclusivos efectos de tasación de costas y de la jura de cuentas de los abogados. **Pero este recordatorio de lo que dispone la Ley sobre Colegios Profesionales resulta en realidad un tanto huero y carente de virtualidad**, pues aunque en ese acuerdo de 28 de enero de 2014 se decide revocar un determinado dictamen sobre honorarios que la Junta de Gobierno había aprobado en una sesión anterior, lo cierto es que no revoca ni desautoriza el acuerdo de 20 de enero de 2010 que aprobó los "criterios orientadores de honorarios profesionales" a los que se refiere la presente controversia; criterios estos que, como acabamos de ver, se dictaron, según su propia literalidad, con un propósito significativamente más amplio que el de servir de guía en los casos de impugnación de tasación de costas y jura de cuentas. Por otra parte, aunque la citada disposición general 4.ª del acuerdo colegial de 20 de enero de 2010 no hubiera sido tan explícita al reconocer el amplio ámbito aplicativo que se pretendía dar a los "criterios orientadores" que allí se aprobaban, lo cierto es que el mero examen del contenido de tales criterios habría conducido a la misma conclusión. Así, la sentencia recurrida (F.J. 5.º) viene a poner de manifiesto que, como ya había dejado señalado la resolución sancionadora de la CNMC, **el documento que alberga los "criterios orientativos" fijados por acuerdo del Colegio de Abogados de Las Palmas, que se dicen aprobados a los exclusivos efectos de tasaciones de costas y jura de cuenta, es esencialmente igual, tanto en su contenido como en su estructura y redacción, a las anteriores Normas Orientadoras de Honorarios Profesionales del Colegio de Abogados de Las Palmas aprobadas por acuerdo de 9 de julio de 2004, con la única salvedad de que el importe de las cuantías es ligeramente superior en los "criterios orientadores"** a los que se refiere la presente controversia; y la coincidencia* *es tal —explica la sentencia recurrida— que el acuerdo de 2010 aquí controvertido llega a incluir, como hacía aquel acuerdo de 2004, el precio recomendado para actuaciones extrajudiciales, ajenas, por tanto, a los procedimientos de tasaciones de costas y de jura de cuentas*

(...) no se detienen a delimitar el significado o alcance de cada uno de los términos que emplean (baremo, recomendación, directriz, criterios orientativos,...); pero una interpretación sistemática y finalista de ambas normas lleva a esta Sala a considerar que el binomio regla-excepción que esos dos preceptos albergan responde al siguiente esquema: 1. ***la prohibición del artículo 14 (regla general) se quiere establecer en términos amplios y enérgicos,*** *incluyéndose en dicha prohibición tanto el establecimiento de catálogos o indicaciones concretas de honorarios —baremos— que conduzcan directamente a la cuantificación de los honorarios como la formulación de recomendaciones más amplias, directrices o criterios orientativos que no alcancen aquel grado de concreción; 2. la excepción que se contempla en la disposición adicional cuarta de la Ley sobre Colegios Profesionales viene formulada en términos significativamente más estrechos, no solo por su limitado ámbito de aplicación ("...a los exclusivos efectos de la tasación de costas y de la jura de cuentas de los abogados", y, por extensión, a la tasación de costas en asistencia jurídica gratuita) sino también porque lo que allí se permite por vía de excepción no es que el Colegio profesional establezca —siempre, a esos limitados efectos cualquier clase de normas, reglas o recomendaciones, incluidos los baremos o listados concretos de honorarios,* ***sino, únicamente, la elaboración de "criterios orientativos"; expresión ésta que alude a la formulación de pautas o directrices con algún grado de generalidad, lo que excluye el señalamiento de precios o cifras determinadas así como el establecimiento de reglas pormenorizadas referidas a actuaciones profesionales concretas y que conduzcan directamente a una determinada cuantificación de los honorarios.*** *D. Una interpretación que permitiera a los colegios de abogados el establecimiento y difusión de baremos, listados de precios o reglas precisas directamente encaminados a fijar la cuantía de los honorarios para las distintas clases de actuaciones profesionales,* ***aunque fuera a los exclusivos efectos de la tasación de costas y de la jura de cuentas, resultaría contraria tanto al texto como a la finalidad de las normas a las que nos venimos refiriendo*** *—artículo 14 y disposición adicional cuarta de la Ley sobre Colegios Profesionales— y*

vulneraría la Ley de Defensa de la Competencia, que, en lo que aquí interesa, prohíbe todo acuerdo, decisión o recomendación colectiva que tenga por objeto, produzca o pueda producir el efecto de impedir, restringir o falsear la competencia en todo o parte del mercado nacional, en este caso mediante la fijación, de forma directa o indirecta, de precios o de otras condiciones comerciales o de servicio (artículo 1.1.a de la Ley de Defensa de la Competencia). Puede admitirse que un acuerdo del colegio de abogados que fije criterios en materia de honorarios con ese grado de detalle, hasta el punto de asemejarse a un listado de precios, ***verá reducida su potencialidad homogeneizadora cuanto mayor sea el número de abogados adscritos al colegio,*** *pues la propia fuerza expansiva del libre mercado llevará a que, al ser mayor el universo de destinatarios de los criterios o baremos establecidos por el colegio, pueda aumentar también en la misma proporción el número de colegiados que no sigan aquellas recomendaciones.* ***Pero es indudable que, aunque con un grado de incidencia o afectación variable, un acuerdo de las características señaladas, con clara vocación unificadora en materia de honorarios, opera en menoscabo de la competencia a base de incidir, de forma directa o indirecta, en la fijación de los precios en ese ámbito de actividad.*** *Y ello porque hace posible que los abogados coordinen o aproximen sus honorarios al disponer de esa referencia común, reduciendo los incentivos para ofrecer unos precios más bajos, pues los resultantes de aplicar los criterios o baremos colegiales siempre serían avalados por el informe del Colegio en caso de impugnación, y disuadiendo de establecer unos de precios superiores a los señalados en las indicaciones aprobadas por el Colegio ante el riesgo de una posible impugnación de la tasación de costas por excesivas.*

(...)

Pues bien, la existencia de baremos, es decir, listados de precios para cada actuación de los abogados, opera como elemento disuasorio de la libre competencia en el mercado de los servicios profesionales prestados por abogados en cuanto tiende a homogeneizar los honorarios a la hora de tasar las costas, operando en contra de la libertad y divergencia en la fijación de precios. *Y es una conducta prohibida en el artículo 1 de la Ley de Defensa de la Competencia que implica una restricción de la competencia por el objeto, dado que es potencialmente apta para lograr el objetivo* *perseguido. Es decir, que con independencia de que la recomendación de precios surta un mayor o menor efecto homogeneizador, la conducta colusoria existe desde el momento en el que por sí misma tiene capacidad para menoscabar la competencia. E. En el acto de la vista pública la defensa de los colegios de abogados de Las Palmas y de Guadalajara adujo que el hecho de que los criterios de honorarios aprobados se refieran a actuaciones profesionales determinadas y entren a señalar porcentajes o incluso cantidades concretas, haciendo del todo predecible el importe de la minuta de honorarios a presentar por los letrados en cada caso,* ***no puede considerarse contrario al artículo 1 de la Ley de Defensa de la Competencia pues también los tribunales de justicia tienen con frecuencia unos criterios preestablecidos en materia de costas procesales, haciendo con ello que resulte en buena medida predecible el importe máximo de la condena en costas que se acabará imponiendo en cada caso****. El argumento no es asumible porque los supuestos que se confrontan no son equiparables. El establecimiento de un baremo de honorarios aprobado por el Colegio de Abogados puede menoscabar la competencia a base de propiciar la homogeneización de las minutas de honorarios de los colegiados, en los términos que antes hemos expuesto; en cambio,* ***tal efecto anticompetitivo no es predicable de las decisiones jurisdiccionales que limitan la condena en costas hasta una determinada cantidad, pues con este pronunciamiento el órgano jurisdiccional únicamente acota el alcance del gravamen que se impone al litigante condenado al pago de las costas****, sin que en ningún caso resulte afectada la relación del abogado con su cliente ni el acuerdo al que estos hubieran llegado en materia de honorarios.*

(...)

El cumplimiento de los deberes que impone el artículo 48.4 del Estatuto General de la Abogacía Española —en consonancia con lo dispuesto en el artículo 20 del texto refundido de la Ley General para la Defensa de los Consumidores y Usuarios aprobado por Real Decreto-legislativo 1/2007, de 16 de noviembre— en modo alguno resulta impedido ni obstaculizado por el criterio interpretativo acogido en la sentencia de instancia, que esta Sala comparte, ***pues para que el abogado pueda cumplir aquellos deberes de información al cliente no necesita que el Colegio haya establecido reglas al respecto; y, menos aún, que por acuerdo colegial se hayan fijado con***

detalle los porcentajes y cantidades que han de integrar los honorarios de cada actuación profesional. *En realidad, el argumento que estamos examinando se vuelve en contra del Colegio de Abogados recurrente pues afirmar que la fijación por acuerdo colegial de criterios o baremos en materia de honorarios es algo necesario, o cuando menos conveniente, para que el abogado pueda cumplir con su deber de informar adecuadamente a su cliente equivale a admitir que el acuerdo colegial sobre honorarios tiene esa vocación y finalidad homogeneizadora de la que el propio Colegio recurrente reniega.* ***Por lo demás, en cuanto a la información al cliente sobre las consecuencias que puede tener una condena en costas y su cuantía aproximada, cabe añadir dos observaciones:*** *1. Tal información puede proporcionarla el abogado a su cliente sin necesidad de acudir a porcentajes o cantidades fijadas de antemano por el Colegio, pues, de existir estas indicaciones colegiales, nunca serían vinculantes; y si pretendieran serlo, quedaría plenamente corroborada la afectación anticompetitiva de tales reglas. 2. En cuanto* ***a la información sobre las consecuencias que puede tener una condena en costas en los casos en que el tribunal fija un límite cuantitativo a la condena en costas, es claro que esa determinación del importe de la condena corresponde al órgano jurisdiccional, sin que en su decisión se vea constreñida por los criterios o reglas que haya podido establecer el Colegio de Abogados.***

Por todo ello, compartimos el parecer de la Sala de instancia cuando declara que la conducta del Colegio de Abogados de Las Palmas consistente en haber difundido y dado publicidad a la modificación de los "criterios orientadores" sobre honorarios profesionales aprobados por dicho Colegio mediante acuerdo de 20 de enero de 2010 ***es constitutiva de infracción del artículo 1 de la Ley 1512007, de 3 de julio, de Defensa de la Competencia.*** *Y, en consecuencia, resulta procedente que declaremos no haber lugar al presente recurso de casación.— Aplicación de la doctrina expuesta al presente recurso del Colegio de Abogados de Madrid: Al igual que en el supuesto examinado en la Sentencia que parcialmente hemos transcrito, la controversia planteada en el presente recurso de casación se ciñe a determinar si los "criterios orientadores de honorarios profesionales" aprobados por el* ***Colegio de Abogados de Madrid con fecha 4 de julio de 2013, tienen realmente el limitado ámbito aplicativo que señala su encabezamiento y si esos denominados "criterios" atendiendo a su***

estructura y contenido, tienen cabida en lo que permite la disposición adicional cuarta de la Ley sobre Colegios Profesionales o si, como indica la resolución de la CNMC se trata de verdaderos baremos de precios prohibidos por el artículo 14 de la LPC, *siendo, por tanto, constitutivos de una infracción del artículo 1 de la Ley de Defensa de la Competencia que prohíbe todo acuerdo, decisión o recomendación colectiva o práctica concertada o conscientemente paralela que tenga por objeto, produzca o pueda producir el efecto de impedir, restringir o falsear la competencia en todo o parte del mercado nacional y, en particular, los que consistan en: la fijación de forma directa o indirecta, de precios o de otras condiciones comerciales o de servicio. FJ 6 .º Por otra parte la sentencia de instancia sostiene, de forma semejante a lo que sucedía con los recursos promovidos por los Colegios de Las Palmas y de Guadalajara, que una vez examinada la llamada "Recopilación de criterios del Colegio de Abogados de Madrid en la emisión de sus dictámenes sobre honorarios profesionales a requerimiento judicial" aprobados mediante acuerdo de la Junta de Gobierno del ICAM de 4 de Julio de 2013,* ***que no se trata, estrictamente de una serie de criterios elaborados con ese fin sino de un auténtico baremo de precios como refleja la cuantificación que realiza la actuación profesional del abogado en relación con cada trámite procesal,*** *(...) que evidencian que se trata de auténticos baremos, considerados como lista de tarifas o precios y no ante meros criterios orientativos de honorarios a los solos efectos de la tasación de costas y jura de cuentas de los abogados que es lo que permite la citada Disposición Adicional Cuarta de la ley de colegios Profesionales y el Estatuto General de la Abogacía Pues bien, las mismas razones expresadas en los asuntos indicados n.º 7573/2021 y 7583/2021, recogidas en el anterior fundamento jurídico son plenamente aplicables al presente supuesto, que trata sobre la "Recopilación de criterios del Colegio de Abogados de Madrid en la emisión de sus dictámenes sobre honorarios profesionales a requerimiento judicial "aprobados por el Colegio de Abogados de Madrid, siendo adecuada la respuesta de la sala de instancia que en su sentencia considera que* ***nos encontramos ante verdaderos baremos, listados de precios para cada actuación de los abogados, que tiende a homogeneizar los honorarios cobrados por los abogados excluyendo la divergencia de precios que resultaría de un sistema de libre competencia.***

(...)

porque lo que allí se permite por vía de excepción no es que el Colegio profesional establezca a esos limitados efectos cualquier clase de normas, reglas o recomendaciones, incluidos los baremos o indicaciones concretas de honorarios, ***sino, únicamente, la elaboración de "criterios orientativos"; expresión ésta que alude a la formulación de pautas o directrices con algún grado de generalidad, lo que excluye el establecimiento de reglas específicas y pormenorizadas referidas a actuaciones profesionales concretas y que conduzcan directamente a una determinada cuantificación de los honorarios.*** *Una interpretación de las normas citadas que permitiera a los colegios de abogados el establecimiento y difusión de baremos, listados de precios o reglas precisas directamente encaminados a fijar la cuantía de los honorarios para las distintas clases de actuaciones profesionales, aunque se digan aprobados a los exclusivos efectos de la tasación de costas y de la jura de cuentas,* ***resultaría contraria a la finalidad de las normas a las que nos venimos refiriendo —artículo 14 y disposición adicional cuarta de la Ley sobre Colegios Profesionales— y vulneraría la Ley de Defensa de la Competencia, que prohíbe todo acuerdo, decisión o recomendación colectiva que tenga por objeto, produzca o pueda producir el efecto de impedir, restringir o falsear la competencia en todo o parte del mercado nacional, en este caso mediante la fijación, de forma directa o indirecta, de precios o de otras condiciones comerciales o de servicio*** *(artículo 1.1.a de la Ley de Defensa de la Competencia).*

Así, el Ilustre Colegio de la Abogacía de Las Palmas ya se encontraba en litigio en el ámbito de la Audiencia Nacional. De este modo, la Sentencia de la Audiencia Nacional (Sala de lo Contencioso-Administrativo) de 20 de julio de 2021 **(TOL8.539.331)**,en relación a la difusión de los «Criterios orientadores de honorarios profesionales del Colegio de Abogados de Las Palmas», estimará en parte el recurso interpuesto por el Colegio de la Abogacía contra la resolución de la CNMC y exponiendo que "*se reconoce que no se tiene constancia de que el documento completo con los Criterios fuera objeto de circular ni de publicación en la página Web por parte del Colegio pero que se encuentra accesible al público en general en al menos dos páginas Web independientes del Colegio de Abogados de las Palmas, como se constató en una búsqueda de los mismos en Internet el 25 de septiembre de 2013 (Folios 236-256) y que ha quedado acreditado que, la modificación del criterio 46* *fue comunicada a los colegiados a través de la Circular n° 43/2012, de fecha 18 de diciembre de 2012 y que su difusión se llevó a cabo a cabo a través del correo electrónico de dominio Icalpa (Ilustre Colegio de Abogados de Las Palmas) y su divulgación a través de la Web oficial del Colegio de Abogados de Las Palmas, dentro del apartado Circulares, estando accesible al público en general entre dicha fecha y marzo de 2014. Respecto a la difusión que el Colegio realiza de sus circulares, se indica que a partir del año 2013 las circulares en esta materia se dirigen a los colegiados ejercientes a través de correo (...). En virtud de todo lo expuesto,* ***la Sala de Competencia de la CNMC considera probado que el Ilustre Colegio de Abogados de Las Palmas ha cometido una infracción del Art. 1 de la Ley 15/2007, de 3 de julio, de Defensa de la Competencia, tipificada como muy grave en el Art. 62.4-a de dicha Ley, al emitir un dictamen favorable a uno de sus colegiados en la disputa relativa a honorarios mantenida por éste con un cliente, estando basado dicho dictamen en una aplicación cuantificada de los «Criterios Orientadores de Honorarios Profesionales del Ilustre Colegio de Abogados de Las Palmas a los efectos de informe a requerimiento judicial en las impugnaciones de tasación de costas y jura de cuentas de los Abogados» y al difundir en su página Web y a través de «Circulares» la modificación de dichos «Criterios Orientadores»*** *pues, una vez que han sido cuantificados,* ***adquieren potencialidad para convertirse, a efectos de la práctica de los colegiados, en baremos profesionales****.*

(...)

Estimar en parte el recurso contencioso-administrativo promovido por el Procurador de los Tribunales D. XXXXX, en nombre y en representación del ILUSTRE COLEGIO DE ABOGADOS DE LAS PALMAS (en adelante ICALPA), contra la Resolución dictada por la Sala de Competencia del Consejo de la Comisión Nacional de los Mercados y la Competencia, de fecha 23 de julio de 2015, en el expediente sancionador SACAN/31/2013 Honorarios profesionales Colegio Abogados Las Palma. 2. ***Declarar que únicamente integra la infracción por la que ha sido sancionado el Colegio de Abogados de las Palmas la conducta consistente en la difusión de los denominados "Criterios orientativos*** *del Ilustre de Colegio de Las Palmas a los efectos de informe a requerimiento judicial en las impugnaciones de tasaciones de costas y jura de cuentas de los Abogados, aprobado el 20* *de enero de 2010." 3. Acordar que se retrotraiga el procedimiento sancionador para que por el órgano competente se resuelva lo que proceda en orden a la determinación de la sanción procedente. 4. Sin hacer pronunciamiento sobre el pago de costas procesales.*

En el ámbito territorial de la Comunidad Autónoma de Aragón ocurrió algo similar. El Tribunal de Defensa de la Competencia de Aragón, en un acuerdo de 2 de diciembre de 2019, impuso al Colegio de Abogados de Zaragoza una sanción de 21.236,46 euros por infracción muy grave del artículo 1 de la Ley 15/2007, de 3 de julio, de Defensa de la Competencia. Dicho acuerdo fue posteriormente anulado por el Tribunal Superior de Justicia de Aragón (en sentencia de 17 de mayo de 2021 **—TOL8.646.173—**) que entendía que la conducta enjuiciada —elaboración y difusión de los Criterios de honorarios 2011— estaba avalada por la DA 4.ª de la Ley 2/1974, de 13 de febrero, sobre Colegios Profesionales, en tanto, entraba en la función de orientar la elaboración de informes relativos a la tasación de costas y de la jura de cuentas de los abogados. La sentencia del TSJ aragonés fue recurrida y el Tribunal Supremo (sentencia de 18 de septiembre de 2023, sala 3.ª, **—TOL9.723.455—**) estima dicho recurso considerando conforme a derecho el citado acuerdo sancionador del Tribunal de Defensa de la Competencia. En este sentido, considera el Alto Tribunal que las normas reguladoras de honorarios, desde el punto de vista del derecho de la competencia, son normas de recomendación colectiva de precios, lo que produce el efecto de homogeneizar las remuneraciones por la prestación de los servicios profesionales y, por lo tanto, es un caso claro de restricción de la libre competencia en el mercado de referencia. Asimismo, entiende el Tribunal Supremo que los criterios fijados por el Colegio de Abogados de Zaragoza exceden de su consideración como instrumento orientado a facilitar la labor de la Junta de Gobierno del Colegio en la impugnación de tasaciones de costas y jura de cuentas, ya que prevé de forma exhaustiva la relación de actuaciones y servicios prestados por los colegiados tasados en su precio, y esto constituye un baremo de precios cuya elaboración y decisión contraviene el marco regulatorio de la normativa de defensa de la competencia. Es por todo ello que el Tribunal Supremo dicta sentencia confirmatoria de la sanción impuesta al Colegio de Abogados de Zaragoza considerando conforme a derecho el Acuerdo del Tribunal de Defensa de la Competencia de Aragón.

En el *Diario La Ley* de 20 de octubre de 2023 se menciona la gran incertidumbre que esta doctrina jurisprudencial (fundamentalmente a partir de la STS de 23 de diciembre de 2023 —**TOL9.365.321**—) produce. Así, para los justiciables, a partir de ahora, aumentará la inseguridad jurídica, pues no podrán conocer *ex ante*, con la precisión que quizá deseen, los costes de un procedimiento judicial. Asimismo, para los Abogados, será considerablemente más difícil cumplir, de manera más precisa, con la obligación de información contenida en el artículo 48.4 del Estatuto General de la Abogacía.

La única certidumbre quedará reducida a la limitación prevista en el art. 394.3 LEC.

Así las cosas y, siguiendo a Cabrera/García, se pueden plantear distintas soluciones:

1) Que los distintos Colegios de Abogados sigan la misma tendencia que el Colegio de Abogados de Barcelona, y aprueben unos Criterios donde no se determine cuantitativamente ninguna cantidad que pueda ser considerada una tarifa, para evitar de este modo incurrir en la prohibición prevista en el artículo 1.1 de la LDC (sistema de grados, Criterios del ICAB de 2020).

Sin embargo, tampoco parece una solución muy válida dada la imposibilidad de contar con referencias concretas para anticipar el coste asociado a la promoción de la actividad jurisdiccional.

De este modo, "*sería necesario contar con un cuerpo de resoluciones judiciales que, con el tiempo, y en el marco de la resolución de incidentes de impugnación, fije de una manera más certera los criterios que servirán a los órganos judiciales para la fijación del importe de costas procesales*".

2) También se ha hablado de aprobar una norma que fije unos criterios de honorarios para los Abogados a nivel nacional, que contuviera unas referencias económicas con unos importes de mercado razonables. Estas referencias económicas podrían tomarse como guía por parte de los órganos judiciales para anticipar el coste de un procedimiento judicial antes del inicio del mismo, siempre y cuando se respetaran los límites ya fijados por el TJUE, para garantizar la conformidad de estas normas con el Derecho de la UE.

Así, y siguiendo a estos autores, hay que destacar que en países como Alemania o Francia se da normativa destinada a regular la retribución de los Abogados (incluyendo unos honorarios mínimos o tarifas por tramos para cada actuación profesional). Igualmente, en Italia es el propio Ministerio de Justicia quien, a través de recomendaciones, establece la retribución de los Abogados.

En el caso de España, la LODD (Ley Orgánica del Derecho de Defensa) y la LOESPJ (Ley Orgánica de Eficiencia del Sector Público de Justicia) pueden ayudar a solucionar esta cuestión. El art. 6.2.e) LODD y, en la LOESPJ, la modificación del trámite de impugnación a la tasación de costas prevista en los arts. 245, 245 bis y 246 LEC. De este modo, quizá se deba incluir un mayor detalle acerca de los elementos que pueden justificar una impugnación de costas por excesivas, de modo que se pueda conocer de antemano algún criterio objetivo (más allá de la limitación del tercio de la cuantía del procedimiento) que pueda delimitar el importe al que puede ascender una condena en costas en nuestro sistema legal, en opinión de Cabrera/García.

De todos modos, y aún con toda esta normativa, se comparte con estos autores que es pronto todavía para saber cómo quedará delimitado el régimen legal para la determinación de las costas procesales en el sistema legal español.

En cuanto a los Criterios del Colegio de la Abogacía de Barcelona el 2 de octubre de 2024 nos encontramos con el siguiente comunicado en su página web:

"Nota informativa a las personas colegiadas en el ICAB

En fecha 25 de septiembre de 2024 se ha notificado a esta Corporación el acuerdo de la Directora de la Competencia de la CNMC, que considera que el ICAB ha incumplido:

— *la resolución de 8 de marzo de 2018 por la que se sancionó al ICAB y otros 8 colegios de la abogacía por conductas prohibidas por el artículo 1 de la Ley 15/2007 de 3 de julio, de Defensa de la Competencia (LDC), consistentes en recomendaciones de precios mediante la elaboración, publicación y difusión de baremos de honorarios;*

— *la resolución de 27 de febrero de 2020 donde el Consejo de la CNMC declaró los criterios orientadores en tasaciones de costas presentados por el ICAB el 29 de noviembre de 2019 en el marco del expediente de vigilancia VS/0587/16, eran adecuados al cumplimiento de la mencionada Resolución de 8 de marzo de 2018.*

El ICAB informa:

Que, en el momento procesal oportuno, presentará los recursos que correspondan del asunto de referencia, preservando como siempre ha hecho, el interés de la Corporación y de todas las personas colegiadas en el ICAB.

La Junta de Gobierno del ICAB, en sesión de 1 de octubre de 2024, ha acordado:

***Dejar sin efecto los Criterios Orientativos del ICAB en materia de tasación de costas**, adecuados a la legalidad de competencia por acuerdo de la CNMC de 27 de febrero de 2020, aprobados por acuerdo de Junta de Gobierno de 3 de marzo de 2020. Así como los acuerdos complementarios a este acuerdo y sus actos de difusión.*

***Sustituir los Criterios Orientativos que se aprobaron por la Junta de Gobierno el 3 de marzo de 2020, por la costumbre y por las pautas básicas siguientes**:*

I. A efectos de la jura de cuentas, los honorarios a cargo del cliente serán los pactados.

II. En defecto de pacto sobre honorarios aplicable a la jura de cuentas y respecto a las costas, a fin de valorar si el importe resultante es razonable y proporcionado, serán de aplicación de forma conjunta:

— *el resultado del proceso, es decir la suma de las pretensiones o la condena, si hay;*

— *la cuantía procesal, sea determinada o indeterminada, salvo que el interés económico litigioso sea muy diferente;*

— *el tipo de procedimiento o de actuación profesional, según sea un procedimiento estándar con una única fase probatoria oral o escrita, o uno de más o menos simplificado;*

— *el tiempo dedicado al procedimiento, en todo aquello que sea inferior o superior a lo habitual según el procedimiento;*

— *el grado de dificultad, entendido como el carácter novedoso de la materia, la relevancia de los aspectos procesales, la dificultad de las acciones ejercitadas, el volumen de las actuaciones de carácter no reiterativo, el número de litigantes o circunstancias análogas.*

III. Salvo que se declare la temeridad del condenado en costas, en las tasaciones de costas se tendrá que atender al límite del tercio de la cuantía procesal sumando todas las costas, de acuerdo con el art. 394.3 de la LEC.

Se pone en conocimiento de las personas colegiadas a los efectos oportunos.

2 de octubre de 2024"

Sorprendente cuando menos, dada la supuesta adecuación de los Criterios en 2020 a las reglas de competencia. Como veremos más adelante, se pensaba que, con la Ley Orgánica del Derecho de Defensa, Competencia dejaría al ICAB dictar sus Criterios y no seguiría adelante con este expediente. Pero la multa llegó, como se expondrá *infra.*

Así, por otra parte, existe doctrina —como la de Juan Perán—, que justifica, en contra del criterio de la mayoría de los Colegios de la Abogacía, estas resoluciones judiciales antedichas. En opinión de este autor, las normas de honorarios "*no orientan, están fijando precios*". Así, considera que la denominada "*normativa orientadora es falaz y solo pretende eludir lo que con claridad ha dicho la CNMC, la Audiencia Nacional y el Tribunal Supremo, de forma reiterada y concluyente.*

Es incierto e imposible que oriente, lo que indica, fija, marca o determina un precio". Incluso considera que la normativa del Colegio de la Abogacía de Barcelona (ICAB), "*que presume de tener una normativa aceptada por la CNMC*" tampoco cumple los requisitos (y según Competencia tampoco los cumplía, como se ha visto). Y es que, en su opinión, la comisión de honorarios de cada corporación, "*al final, sí pone un precio al trabajo de los abogados. Y obviamente lo hace, emitiendo un dictamen que por cierto tarda meses y meses en alumbrar, con el notable perjuicio para la parte beneficiada y pendiente de cobrar las costas ganadas. Solo es necesario leer cualquiera de esos dictámenes donde, de manera expresa, ese colegio fija una cuantía base del procedimiento y un % o precio expreso, tras el traslado de la impugnación de honorarios en el juzgado*".

Prosigue este autor poniendo en duda el valor legal de las propias Normas Orientadoras, más allá del problema de competencia que estamos tratando. En su opinión, "*las reglas de cálculo orientativo de los honorarios de abogados no tienen categoría normativa, ni tan siquiera de reglamento. No han sido publicadas en ningún diario oficial del Estado y tienen tanto valor como las reglas privadas de cualquier club. Con el agravante de que a ese club no pertenece cualquiera libre y voluntariamente, pues la colegiación de los abogados no es voluntaria sino obligatoria, con lo cual, la legitimidad de dichas "reglas privadas" de cada colegio, resulta todavía más cuestionable*". Como reconoce el propio autor, el único límite a los honorarios profesionales de los abogados está legalmente fijado en el artículo 394 LEC cuando se establece en el tercio de la cuantía del procedimiento que, normalmente se fija al inicio del procedimiento y lo determina el Letrado de la Administración de Justicia. Y es que para Perán, sólo debe mandar el libre mercado actuando en libre competencia. Sostener que, en su opinión, el pacto que alcanza un Abogado con su cliente en cuanto a honorarios profesionales no puede vincular a un tercero (la parte adversa vencida en pleito) tampoco lo defiende por lo siguiente: "*cuando abogado y cliente firman la Hoja de Encargo y Contrato de Prestación de servicios profesionales, existe un "aleas", pues nadie es capaz de anticipar en ese momento del encargo profesional, si habrá estimación o desestimación de la pretensión jurídica que se plantea y, de darse una u otra situación, si habrá o no condena en costas para el vencido. Lo determinante es la prueba de unos honorarios profesionales previamente pactados libremente (artículo 1.255 CC) en la Hoja de Encargo Profesional y a los que viene obligado a hacer frente el cliente que contrata dichos servicios.* ***Si la sentencia, además de estimar su pretensión, le concede el derecho a percibir las costas, ese cliente debe poder reintegrarse de forma íntegra recibiendo de la parte vencida, el total importe abonado a su abogado por su defensa.***

Esta opinión, como he defendido anteriormente, por mucho que se argumente, produce una amplia inseguridad jurídica en los justiciables que en algún momento puedan ser condenados en costas, lo que, inevitablemente retraerá a estos para acudir a la justicia ante la mera posibilidad de poder ser condenados, teniendo que atenerse a las "hojas de encargo" profesional de los contrarios, sin ningún tipo de cortapisa más allá de los "honorarios profesionales previamente pactados libremente". Eso sí, Perán aboga porque esa hoja de encargo se presente "al inicio del pleito", para que todas las partes tengan expuestas las cartas sobre la mesa y, después, no haya sorpresas. Pero la "sorpresa" puede ser ya impecable desde el principio para las partes. No se comparte el criterio, aunque se encuentre bien construido. Se considera que se obvia que sobre un "condenado" no puede haber competencia. El que es "condenado" en costas (ya se encuentre en posición activa o pasiva en el proceso) no puede quedar sometido al "arbitrio" de los profesionales previamente elegidos por la contraparte, sino que debe tener unas reglas mínimas para saber a qué atenerse.

Sin embargo, Perán mantiene su argumento "a sensu contrario". Plantea la posibilidad (se considera que remota), de que se presente una minuta para tasar costas cobrando más que lo que se pudo cobrar al cliente (por ser los criterios superiores al libre pacto). Y es que considera que el Abogado quiere captar al cliente y "*cuando los clientes eligen abogado en consideración al precio, los abogados rebajan el precio de sus servicios con la esperanza de lograr el encargo profesional y luego, cobrar lo que corresponde con su trabajo, mediante la ejecución de costas procesales frente, al contrario*".

Y, por otra parte, este autor expone lo que suele ocurrir cuando se solicita una tasación de costas: "*En ocasiones el Letrado de la Administración de Justicia tasa las costas tal y como presenta la minuta el abogado. Otras, la rebaja bajo su particular criterio; otros aplican el baremo del colegio profesional interpretándolo a su manera.* ***La mayor parte de las veces lo que se produce es la impugnación de la tasación de costas por parte del abogado contrario, con motivo en que los honorarios son indebidos o excesivos.*** *Cuando esto ocurre, se abre un incidente de oposición por impugnación de costas y entonces el LAJ da traslado al colegio de abogados correspondiente para que este emita un dictamen que no es vinculante, pero que en la mayoría de los supuestos el LAJ respeta y refrenda.* ***Los colegios por sistema tienden a rebajar la tasación de costas practicada por el LAJ sobre la base de la minuta de honorarios del abogado de la parte vencedora o incluso, a rebajar los honorarios a su vez ya rebajados por el LAJ respecto de la inicial minuta de honorarios presentada por el abogado de la parte beneficiada por las costas.*** *La razón está en que, aunque el LAJ las haya rebajado, la parte contraria sigue considerándolas indebidas o excesivas. Se dan situaciones en las que el colegio de abogados acepta la impugnación del abogado de la parte vencida en costas y emite un dictamen en el que, a su vez, rebaja todavía más los honorarios. Luego este dictamen llega al juzgado y el LAJ lo refrenda dictando nueva tasación de costas a la baja. La parte perjudicada puede recurrir en recurso de revisión al juez, pero este normalmente confirma la tasación de costas del LAJ*".

Es una visión particular: si bien es cierto que una gran mayoría de Letrados de la Administración de Justicia no discuten el dictamen del Colegio de la Abogacía, ha de imperar el sentido común y no pensar que se aplica de manera automática lo expuesto anteriormente.

Para este autor todo el conflicto viene dado por lo que establece el art. 246 LEC en el que se prevé dicha consulta del juzgado al Colegio de Abogados, que para emitir el dictamen solicitado aplican su normativa de honorarios profesionales. Y hace un resumen de lo expuesto hasta ahora en este trabajo: "*Hasta 2009 dichos baremos eran de obligado cumplimiento. A partir de 2009 con la*

Ley Ómnibus eso se liberalizó y se prohibió la existencia de dichos baremos. Sólo se prevé su utilización orientativa para la tasación y jura de cuentas. Pese a que el dictamen del colegio es preceptivo, pero no vinculante, ***la costumbre de muchos años ha provocado que se siga esta práctica*** *hasta que, en 2017, BANKIA denunció esta situación a la CNMC y está incoó unos procedimientos de infracción contra varios colegios de abogados (Barcelona, Las Palmas, Madrid, Guadalajara, etc.). Dichos procedimientos acabaron en fuertes sanciones por considerar que dicha práctica colisiona con las normas reguladoras de la libre competencia en un mercado como el de servicios legales. Las sanciones fueron recurridas por los colegios y fueron ratificadas por la Audiencia Nacional.* ***Recientemente el Tribunal Supremo ha vuelto a confirmar dichas sanciones, dejando claro que esos baremos son ilegales y, por tanto, están prohibidos. Los colegios a día de hoy se resisten a dejar de aplicar dichos baremos.*** *Los califican como meramente indicativos u orientadores y los esconden. Ya no los publicitan en sus webs corporativas. Ahora ya no quieren que se conozcan, pero la realidad es que siguen aplicándolos y además de forma exclusiva:* ***solo el departamento de honorarios del colegio profesional es capaz de determinar el precio del servicio legal y es el que tiene la última palabra sobre lo que vale un servicio profesional".***

Perán también critica la divergencia de honorarios entre Colegios. España tiene 83 colegios de abogados, cada uno de ellos con su propia normativa de honorarios. En su opinión, esto provoca "*la absurda situación de que una misma actuación judicial no tiene el mismo precio, pues todo depende de cómo la valore el colegio competente territorialmente en el juzgado donde se realice la actuación. Las diferencias de honorarios son muy elevadas. En ocasiones, de más del 30% cuando se trata de colegios que están apenas a unos pocos kilómetros de distancia. Esto atenta contra el principio de igualdad y seguridad jurídica*".

Para Perán, el sistema adecuado, en definitiva, es el de la libre competencia. En sus palabras, "*eso es libertad de mercado, seguridad jurídica, igualdad, información y transparencia. El sistema actual atenta y viola la libre competencia por interés espurio de los colegios de abogados que desean seguir opinando y emitiendo miles de dictámenes al año diciendo lo que tienen que cobrar los abogados. Dictámenes que cobran y que tardan en emitir meses e incluso años (caso del colegio de abogados de Madrid). El sistema actual para el cálculo de honorarios con la intervención de terceros ajenos a las relaciones comerciales entre particulares debe ser urgentemente modificado. Las razones son las extensamente expuestas en este artículo: las normativas de honorarios han sido declaradas ilegales por atentar contra la libre competencia en el mercado.* ***Ni LAJs ni colegios profesionales tienen por función ser defensores de los intereses económicos de la parte vencida en pleito. Para algo existe ya el límite legal de la tercera parte del importe del pleito y por algo razona el juez en su sentencia el motivo por el cual se les condena en costas".***

2. LA LEY ORGÁNICA DEL DERECHO DE DEFENSA Y EL FUTURO

Habrá que comprobar si la Ley Orgánica del Derecho de Defensa cambia algo el paradigma.

El art. 6.2.e) de la L.O. 5/2024, de 11 de noviembre, dispone que:

2. Los titulares del derecho de defensa tienen derecho a ser informados de manera simple y accesible por el profesional de la abogacía que asuma su defensa, sobre los siguientes aspectos

e) Las consecuencias de una eventual condena en costas, a cuyo efecto los colegios de la abogacía ***podrán elaborar y publicar criterios orientativos, objetivos y transparentes, que permitan cuantificar y calcular el importe razonable de los honorarios a los solos efectos de su inclusión en una tasación de costas o en una jura de cuentas****. Tanto los profesionales de la abogacía como los titulares del derecho de defensa tienen derecho al acceso a dichos criterios*

Parece que existe cierto optimismo en los profesionales de la Abogacía sobre dicha cuestión, pero habrá que comprobarlo en un futuro próximo.

En los *"Diálogos para el Futuro Judicial"* del *Diario La Ley* dirigidos por el Letrado de la Administración de Justicia Álvaro Perea se preguntó sobre si la nueva Ley serviría para clarificar este asunto y cómo se puede aportar seguridad jurídica en la materia.

Salvador González Martín, Presidente de Consejo General de la Abogacía Española, cree que "***La LODD consolida el papel de los Colegios de la Abogacía*** *en la Administración de Justicia, en concreto permitiendo la regulación de criterios orientadores en materia de honorarios profesionales a efectos de tasación de costas en un procedimiento judicial. El haber incorporado esta regulación genera sin duda seguridad jurídica al justiciable, garantizando la transparencia y da cumplimiento a la normativa europea y la jurisprudencia del TJUE (...).* ***Los Colegios de la Abogacía, podrán****, en garantía de este derecho de información de los titulares del derecho de defensa,* ***elaborar y publicar criterios orientativos****, objetivos y transparentes, que permitan cuantificar y calcular el importe de los honorarios. Desde el CGAE se está trabajando ya en la forma de implementar el reconocimiento de este derecho a la ciudadanía, como una garantía de esa información.*

Y es que, en opinión que compartimos, el ciudadano ha de conocer de forma clara, simple, comprensible y accesible sobre los siguientes aspectos: gravedad del conflicto para sus intereses y derechos afectados, las estrategias procesales más adecuadas, costes generales del proceso y el procedimiento para la fijación de los honorarios profesionales, las consecuencias de una eventual condena en costas, etc. (art. 6 LODD).

De igual opinión es Eugenio Ribón, Decano del Ilustre Colegio de la Abogacía de Madrid, quien manifiesta su satisfacción por la incorporación en la LODD de los criterios orientativos para honorarios como un derecho esencial de los usuarios, facilitando la previsibilidad de los costes judiciales. Y es que esto responde, tal como hemos analizado previamente, a las tesis defendidas por el propio ICAM tras las decisiones del Tribunal Supremo confirmando multas de la CNM a Colegios de la Abogacía que generaron gran inseguridad jurídica. El propio Ribón, en junio de 2024, ante el Proyecto de Ley Orgánica del Derecho de Defensa decía: "*Ahora mismo, los usuarios de la justicia no pueden conocer de manera aproximada los costos de un proceso judicial, lo que les impide evaluar adecuadamente los riesgos y beneficios de emprender acciones legales*".

Y el ICAM, del que es decano Ribón, expuso en junio de 2024 en su web:

"El ICAM reclama que la ley regule los criterios orientativos sobre honorarios a efectos de tasación de costas 17 junio 2024 A pesar del alto grado de competencia en el sector legal y elasticidad en las tarifas, ***una regulación ambigua impide que los Colegios de la Abogacía puedan publicar criterios*** *orientativos sobre honorarios profesionales a efectos de tasación de costas. A juicio del ICAM esta situación vulnera el derecho a la información de los usuarios de la Justicia, ciudadanos y empresas, a quienes se les está privando de la posibilidad de conocer de manera aproximada los costes de un proceso judicial El ICAM ha pedido a los Grupos Parlamentarios que regulen esta cuestión en la futura Ley Orgánica del Derecho de Defensa cuya tramitación en la Comisión de Justicia del Congreso encara su recta final con la votación en los próximos días del Dictamen que pasará a Pleno. El Colegio de la Abogacía de Madrid se ha dirigido este lunes a los portavoces de Justicia en el Congreso de los Diputados* ***pidiéndoles una solución normativa que aporte claridad y transparencia a los costes de un proceso judicial, garantizando así el derecho a la información de los usuarios.*** *En la actualidad, a raíz de diversas resoluciones del Tribunal Supremo confirmando multas de la CNMC, los Colegios de la Abogacía no pueden publicitar baremos con precios orientativos de servicios profesionales como venían haciendo a los exclusivos efectos de tasación de costas y jura de cuentas. Esta situación impide actualmente proporcionar información esencial para evaluar los costos potenciales de un litigio. Para Eugenio Ribón, Decano del ICAM "urge establecer criterios claros y transparentes en los honorarios profesionales para garantizar el derecho a la información de los consumidores, tal como reconoce el artículo 51 de la Constitución Española (…). Esta situación se debe a la ambigua redacción de los artículos 14 y la Disposición Adicional 4.ª de la Ley de Colegios Profesionales, que el ICAM pide solucionar en el marco de la tramitación del Proyecto de Ley Orgánica del Derecho de Defensa que encara su fase final en la Comisión de Justicia del Congreso con la votación en los próximos días del Dictamen que se remitirá al Pleno. En su escrito a los Grupos Parlamentarios, el ICAM pone el acento en la situación contra-*

dictoria que existe en la actualidad cuando, al mismo tiempo que existe esa prohibición "la Carta de los derechos del ciudadano ante la Justicia y el Código Deontológico de la Abogacía Española estipulan que los abogados deben informar a sus clientes sobre las consecuencias económicas de una condena en costas". A juicio del ICAM ***la publicación de criterios orientativos claros no solo beneficiará a los consumidores, sino que también garantizará una mayor transparencia y seguridad jurídica****: "esta información es crucial para quienes acuden a la Administración de justicia". Para Eugenio Ribón "la eliminación de estos criterios ha hundido en la incertidumbre a los consumidores, comprometiendo la seguridad jurídica y dificultando el acceso a la tutela judicial efectiva". La solución pasaría por incluir, de forma clara, esta posibilidad en el artículo 6, sobre derecho a la información de la futura Ley. Diversas enmiendas presentadas por los Grupos Parlamentarios* ***permitirían dotar de claridad a los costes judiciales y acabar con la situación de incertidumbre actual si finalmente salen adelante como pide el ICAM****. Aunque el informe de la ponencia publicado el viernes no recoge de momento esta cuestión, diferentes Grupos están planteando transacciones para que quede regulado en esta norma: "Es fundamental que se* ***incluyan criterios orientativos específicos, objetivos y transparentes para la cuantificación de honorarios a efectos de tasación de costas y jura de cuentas"****, destaca el ICAM en la carta remitida a los Grupos Parlamentarios".*

Como es sabido, esta última cuestión sobre la inclusión en la Ley de "criterios específicos, objetivos y transparentes" no ha sido acogida, por lo que, cierta incertidumbre permanece.

Y manifiesta Ribón, con la Ley ya aprobada: "*defendimos con firmeza que no se trataba de una cuestión de competencia (el sector es muy diverso y con una gran elasticidad en los precios) sino que los criterios orientativos son una herramienta fundamental para garantizar la previsibilidad económica y la seguridad jurídica de los usuarios. La Ley, así, alinea esta regulación con el artículo 51 de la Constitución Española, reconociendo el derecho de los consumidores a una información clara y accesible, un enfoque respaldado por jurisprudencia europea".*

La cuestión está en ver qué alcance tendrá la previsión real del art. 6.2.e) mencionado en relación a toda la jurisprudencia anterior, pues los argumentos que se daban por los tribunales siguen, en teoría, intactos, incluso ante una redacción de la LODD como esta. Es decir, se considera que es un importante avance que el legislador haya incorporado este derecho del justiciable, pero está todavía por ver cómo pueden los Colegios de la Abogacía establecer estos Criterios sin contradecir las tesis jurisprudenciales que hemos tratado y que responden, en teoría, a normas que siguen vigentes (comunitarias y españolas sobre competencia).

Igualmente, Jesús M. Sánchez, decano del Ilustre Colegio de la Abogacía de Barcelona, considera que con la LODD se ha dado un gran paso adelante. En su opinión, "*los honorarios de los profesionales de la abogacía son libres, si bien la propia Ley de defensa ya nos indica en el artículo 6 apartado d), que la ciudadanía tiene derecho a conocer los costes generales del proceso y el procedimiento para la fijación de los honorarios profesionales.*

Sin duda la relación abogado/cliente y la fijación de los honorarios del abogado forma parte de la libertad de pacto entre el profesional de la abogacía y su cliente, quienes de forma libre y voluntaria fijan los honorarios que consideren, en un mercado de libre competencia como es el de la Unión Europea.

Pero la Ley da un paso más y regula el derecho de la ciudadanía de conocer el coste del proceso en una eventual condena en costas, artículo 6 apartado e), permitiendo a los colegios de la abogacía elaborar y publicar criterios orientativos, objetivos y transparentes, que permitan cuantificar y calcular el importe razonable de los honorarios a los solos efectos de su inclusión en una tasación de costas, respecto de los honorarios de la parte contraria, cuando exista condena en costas. Tanto los profesionales de la abogacía, como los titulares del derecho de defensa tienen derecho al acceso a dichos criterios.

Como ya he comentado en diferentes foros, la ***Ley de Defensa representa un avance significativo en la protección de los derechos de los consumidores de servicios jurídicos, al reforzar el papel de los Colegios de la Abogacía en la supervisión y control de las costas procesales, se garantiza una mayor transparencia y seguridad jurídica, al tener el deber de informar al cliente sobre todos los costes de un procedimiento judicial****, en* *el que se incluye no solo el precio que se pacte con el cliente, que, por supuesto, y como digo es libre,* ***sino los costes derivados de una posible condena en costas y los derechos que puede cobrar la parte contraria, que solo se pueden estimar con unos criterios orientadores, a los únicos fines de la tasación de costas de un procedimiento judicial.***

(...)

Es una regulación ***necesaria porque necesitamos tener criterios orientadores en materia de honorarios, a fin de cumplir con la normativa europea y la jurisprudencia del TJUE. Es importante que a la hora de confeccionar una hoja de encargo puedas explicar a tu cliente, en caso de que se pierda el pleito y sea condenado en costas, cuáles son los honorarios que tendrá que pagar.***

Es fundamental destacar que, ***si no se permitiese esta función orientadora y cuantificadora de los honorarios de los profesionales en los procedimientos judiciales, cuando estamos en tasación de costas, no sería posible tampoco garantizar el derecho del consumidor a conocer si aquellas minutas del profesional de la parte contraria se ajustan o son conformes a derecho y, sobre todo, el derecho a ser informado con antelación al inicio del procedimiento, de todos los gastos y coste que le puede representar el mismo****. Todo ello, sin menoscabo del principio de libre fijación de honorarios establecido en el artículo 26 del EGAE, que garantiza que la cuantía de los honorarios sea libremente convenida entre el cliente y el profesional de la Abogacía.*

Y menciona Sánchez la importancia del Derecho de la Unión Europea y la doctrina jurisprudencial del TJUE en la materia, que ampara en su opinión esta nueva regulación:

"En la sentencia de 15 de enero de 2015, asunto 537/13, el TJUE declaró que la Directiva 93/13/CEE, sobre cláusulas abusivas se aplica a los contratos de servicios jurídicos concluidos por un abogado con un consumidor.

Y en la Sentencia de 12 de enero de 2023, asunto C-395/21, el TJUE interpreta diversos aspectos de la fijación contractual de los honorarios profesionales de un abogado, en particular la fijación de un precio por hora de servicios, a la luz de la Directiva 93/13/CEE, sobre las cláusulas abusivas en los contratos celebrados con consumidores.»

En definitiva, como menciona, Sofía Damas Almagro, diputada del Ilustre Colegio de Abogados de Jaén, "*los Colegios podrán a partir de ahora publicar sus criterios orientativos de honorarios para que sean conocidos tanto por profesionales como por los justiciables e incluso los criterios de interpretación de los diferentes Colegios sobre honorarios que dan lugar a múltiples impugnaciones de honorarios de profesionales, produciéndose trámites procesales innecesarios que ralentizan aún más la justicia*".

Igualmente, para el abogado Juan Francisco Pérez de la Cruz, la jurisprudencia del Tribunal Supremo emanada de la STS de 23 de diciembre de 2022 **(TOL9.365.321)**, contravenía el artículo 51 de la Constitución Española, que dispone que los poderes públicos deben garantizar la defensa de los consumidores y usuarios, protegiendo su seguridad, salud y legítimos intereses económicos mediante procedimientos eficaces.

Y parece muy interesante la apreciación que realiza Pérez de la Cruz, que viene a acoger algunas de las críticas que realizaba Perán y que hemos expuesto anteriormente. En opinión de Pérez de la Cruz, sin perjuicio de los Criterios Orientadores que puedan elaborar los Colegios profesionales, los cuales sin duda clarificarán esta cuestión, resulta necesario, conforme al artículo 1.2 de la Ley Orgánica del Derecho de Defensa «*las leyes procesales desarrollarán el contenido del derecho de defensa en sus respectivos ámbitos*», que los criterios económicos del coste de un procedimiento se incorporen en las leyes procesales (normativa con rango de Ley). Esto permitirá, en el contexto de una hipotética tasación de costas y jura de cuentas, garantizar la seguridad jurídica de los justiciables, proporcionando una mayor transparencia y previsibilidad en los costos asociados a los procesos judiciales.

Y todo ello porque, en su opinión (que se comparte) "*se debe unificar el criterio a nivel estatal para evitar que la aplicación de estos criterios orientadores dependa exclusivamente de la redacción de cada colegio profesional. Esto permitirá una mayor coherencia y seguridad jurídica en el ejercicio de la abogacía, asegurando condiciones uniformes para todos los profesionales, independientemente de su adscripción".*

Por ello, se considera que seguirá existiendo cierta incertidumbre a la hora de que estos Criterios que vayan publicando los Colegios no sean impugnados por distintas vías, en base a un posible desarrollo de la LODD o la jurisprudencia existente hasta ahora sobre libre competencia. En definitiva, se pone en duda hasta qué punto la aprobación de esta Ley hará cambiar de opinión a los Magistrados del Tribunal Supremo que dictaron las sentencias de 19 y 23 de diciembre de 2022 **(TOL9.365.321)** y a todos los que seguían estas tesis. Habrá que verlo, aunque no cabe duda que la plasmación legal del art. 6.2.e) LODD es positiva.

Sin embargo, las previsiones de los profesionales de la Abogacía son —como se ha adelantado— optimistas sobre la aplicación de la nueva norma, la LODD. En relación a la reciente aprobación de la Ley Orgánica del Derecho de Defensa (L.O. 5/2024, de 11 de noviembre) y ante la existencia de un expediente sancionador contra el Ilustre Colegio de la Abogacía de Barcelona, el presidente del Consejo General de la Abogacía Española declaró: "*Confiamos en que el expediente sancionador será archivado lo antes posible, ya que carece de objeto tras la aprobación de esta ley*", y consideró que esta normativa representa un avance crucial en la defensa de los derechos ciudadanos y en la seguridad jurídica del ejercicio profesional de la abogacía. Además, el presidente de la Abogacía Española expuso la creación de un grupo de trabajo para estudiar y establecer criterios claros sobre las costas procesales en caso de perder sus casos con el objetivo es garantizar que los ciudadanos puedan estar informados de manera precisa sobre los costos potenciales de un procedimiento judicial. Así, el decano del ICAB destacó que "*los consumidores tienen derecho a saber el coste aproximado de un procedimiento cuando puede haber condena en costas*". Como ya se avisó en el apartado anterior y se desarrollará un poco más adelante, el asunto acabó en multa, con resolución dictada una vez vigente la LODD.

Según el presidente de CGAE, González, "*La nueva ley habilita expresamente a los colegios de la abogacía para emitir este tipo de criterios, garantizando así el derecho de los ciudadanos a ser informados de las posibles consecuencias económicas de un procedimiento judicial*". Por ello, esta habilitación legal convierte, en su opinión, en obsoleta la base del expediente sancionador de la CNMC contra el ICAB, ya que la práctica en cuestión ahora está plenamente respaldada por la normativa. Además, remarcó que la ley no solo protege los derechos de los justiciables, sino que también fortalece el papel de los colegios de abogados en aspectos clave como la deontología y el secreto profesional".

Se procederá a recordar en estas páginas en qué consistían los Criterios del ICAB que, inicialmente, se entendían conformes con las normas de competencia. Se denominan "Criterios Orientativos del ICAB en materia de tasación de costas de 2020, declarados adecuados a la legalidad de competencia por Resolución de la CNMC de 27 de febrero de 2020 y en vigor desde el 5 de marzo de 2020". Estos Criterios dicen ser conformes con la mencionada La Disposición Adicional 4.ª de la Ley 2/1974, de 13 de febrero, sobre Colegios Profesionales, según la redacción dada por la Ley 25/2009, de 22 de diciembre de 2009, y con ellos, se pretende, en sus propias palabras que "*el justiciable pueda valorar el alcance económico de una eventual condena en costas antes de iniciar un proceso judicial, su posible carácter excesivo y su eventual impugnación, **pero sobre todo pretenden cumplir con la mencionada legislación, puesto que el Colegio está llamado a emitir un informe preceptivo en cumplimiento del art. 246.1 LEC**. A tales efectos, la interpretación de las actuaciones, procedimientos y recursos expresamente citados en estos Criterios deberán adaptarse a los cambios legislativos, aumentando o disminuyendo el grado asignado según su carga de trabajo*".

Interesante es el Criterio 3, que recoge su "finalidad": "*1.— Los presentes criterios se tomarán como parámetro de razonabilidad. 2.— Estos criterios tienen un orientador y no deben interpretarse como un mínimo o un máximo, sino de forma flexible, estando al caso concreto e incluso admitiendo prescindir de su literalidad cuando lo aconsejen las circunstancias del caso*"

De igual modo, se establecen como elementos esenciales a la hora de establecer una fijación de la cuantía por costas lo establecido en el Criterio 4: "*Ponderación de factores relativos al interés litigioso y al trabajo. 1.— En la valoración de las costas* ***se ponderarán principalmente los factores relativos al interés económico litigioso y al grado de trabajo****. El grado de trabajo tendrá en cuenta el tipo de procedimiento o la fase del proceso respecto de la que se plantea la tasación, así como la complejidad y el tiempo de la actuación. 2.— El interés económico litigioso, establecido según el Criterio 11.1, será la cuantía base sobre la que se aplicará el grado de trabajo previsto en el Criterio 6. 3.— La ponderación del trabajo y el interés litigioso debe ser conjunta y equitativa, por lo que se tendrá que evitar que un interés litigioso excesivamente alto o bajo determine por sí solo el resultado de las costas. De la misma forma, no podrán determinarse sólo en función del trabajo, prescindiendo del interés económico, aunque éste sea de escaso o ínfimo importe*"

Y todo ello se plasma en el Criterio 5, que introduce el novedoso sistema de los "grados". Es decir, se establece una graduación por tipo de procedimiento, hasta dieciocho grados: "*Valoración del trabajo a efectos de las costas. A n de valorar el trabajo en función del procedimiento o actuación llevada a cabo, su complejidad y el tiempo objetivamente requerido,* ***se entenderá que la actuación o procedimiento que implique el grado máximo de trabajo (1er grado)*** *no debe superar lo expresamente previsto en el Ordenamiento jurídico vigente (art. 394.3 LEC).* ***Cada grado inferior (del 2.º al 18.º)*** *implicará una reducción proporcional respecto del grado anterior, siguiendo el orden previsto en el siguiente Criterio.*

A modo ejemplificativo se recoge el distinto orden de los grados, en el Criterio 6: "*1.º Concurso con complejidad. 2.º Ordinario con complejidad. 3.º Concurso. 4.º Ordinario, verbal con complejidad y procedimiento social. 5.º Verbal, verbales especiales, revisión de sentencia o laudo, reclamación de alimentos, de guarda y custodia o régimen de visitas, separación y divorcio contencioso, modificación de medidas definitivas de separación o divorcio, filiación, capacidad, división de patrimonios o herencia, abreviado contencioso administrativo, impugnaciones de sanciones disciplinarias (social) y complemento de responsabilidad civil deriva-*

da de un procedimiento penal. 6.º Ejecución o cambiario con oposición, incidente de oposición a la ejecución con complejidad, juicio oral sumario, procedimiento del jurado y medidas cautelares o provisionales con complejidad. 7.º Ejecución o cambiario (demanda y resto de actuaciones) sin oposición, convenio regulador de divorcio con complejidad, medidas cautelares o provisionales e incidentes concursales. 8.º Incidente de oposición a la ejecución, juicio oral abreviado, juicio del jurado con conformidad y juicio oral sumario con conformidad. 9.º Incidentes con oposición y complejidad y juicio rápido. 10.º Declinatoria, incidentes con oposición, nulidad de actuaciones, nombramiento y remoción de árbitros, expedientes de jurisdicción voluntaria, querella, juicio oral del procedimiento abreviado con conformidad y juicio sobre delitos leves. 11.º Execuátur, incidente de liquidación de intereses, incidente de impugnación de tasación de costas y convenio regulador de divorcio. 12.º Demanda de ejecución o de cambiario, escrito de petición o de oposición de monitorio, denuncia con complejidad, escrito de acusación o defensa penal, juicio rápido con conformidad ante el Juzgado penal y juicio sobre delitos leves con conformidad. 13.º Solicitud de ampliación de la ejecución, acto de conciliación con avenencia, incidente sin oposición, medidas cautelares sin oposición y juicio rápido con conformidad ante el Juzgado de Instrucción. 14.º Recursos de reposición, revisión, reforma, queja y súplica o similar con complejidad; procedimiento de separación y divorcio de mutuo acuerdo (convenio aparte) y denuncia. 15.º Recursos de reposición, revisión, reforma, queja y súplica o similar; diligencias preliminares civiles, demanda de ejecución social y otros escritos de alegaciones mínimamente fundamentados. 16.º Demanda de conciliación, escrito de impugnación a la oposición al monitorio, asistencias y comparecencias penales. 17.º Comparecencias de trámite, acto de conciliación sin avenencia y petición de aclaración o corrección de error de resolución judicial. 18.º Escritos de mero trámite. Esta enumeración de grados es un numerus apertus a título de ejemplo, susceptible de una periódica actualización por parte del ICAB. La analogía se puede aplicar a un procedimiento o actuación no citada, de carga de trabajo o finalidad similar.

Posteriormente, hubo una importante modificación de la graduación. Así, la Junta de Gobierno del ICAB, en sesión celebrada en fecha 14 de junio de 2022, acordó la modificación del Criterio

6, en el sentido de modificar dos grados, fruto de la experiencia de casi dos años de funcionamiento: "*el previsto para el incidente de oposición a la ejecución, el incidente de oposición a la ejecución con complejidad, medidas cautelares o provisionales e incidentes concursales y medidas cautelares o provisionales con complejidad. Esto es, el incidente de oposición a la ejecución se incrementa del grado 10.º al 8.º. El incidente de oposición a la ejecución con complejidad, del grado 8.º al 6.º. Las medidas cautelares o provisionales e incidentes concursales, del grado 9.º al 7.º. Y las medidas cautelares o provisionales con complejidad, del grado 8.º al 6.º. Dicha modificación será de aplicación en los informes preceptivos del artículo 246.1 LEC que se emitan en relación a las minutas de honorarios relativas a las actuaciones afectadas por la reforma que se presenten a tasación con posterioridad al día siguiente de su publicación en la página web colegial, que tuvo lugar en fecha 15 de junio de 2022*".

Por su parte, el criterio 7 define qué se entiende por dificultad o complejidad. Así reza: "1.— *A los efectos de determinar el grado previsto en el Criterio 6* ***se entenderá que hay complejidad*** *cuando se dé alguna circunstancia no habitual, como el carácter novedoso o poco frecuente en la materia litigiosa, la relevancia o entidad propia de los aspectos procesales, el número o dificultad intrínseca de las acciones ejercitadas, el especial volumen de la prueba practicada o de las actuaciones no reiterativas ni irrelevantes, el número de litigantes, la excepcional especialidad de la materia u otras análogas.* ***También se podrá entender que existe complejidad*** *por el tiempo empleado, cuando exista una dedicación superior a aquello que sea habitual o más frecuente, en función de cada tipo de procedimiento o actuación. A estos efectos se estará de forma prioritaria a la duración de las actuaciones, comparecencias o vistas orales. 2.— En caso de una* ***excepcional complejidad o una extraordinaria dedicación de tiempo****, se podrá aplicar un moderado incremento de grado en los términos previstos en el Criterio 6. 3.— En caso de* ***especial sencillez o ínfima dedicación de tiempo****, por concurrir circunstancias inversas a las del apartado 1 de este Criterio, se podrá aplicar una moderada reducción de grado, en términos similares a lo previsto en el apartado anterior*"

Al tiempo de escribir estas páginas no se sabe si el resto de Colegios españoles seguirán las tesis del de Barcelona —en cuanto al sistema de minuta para tasación establecido a través de "grados"— cuando puedan comenzar a establecer nuevos Criterios según el amparo de la LODD. No cabe duda de que era un sistema novedoso, que —como se observa— no entraba en cuantías concretas, como sí lo han hecho tradicionalmente otros Criterios de otros Colegios; y —se decía— que este sistema sí era acorde con la doctrina de la CNMC (aunque finalmente parece que tampoco).

Desde luego, finalmente la multa fue impuesta, según recoge la propia CNMC en su web en noticia de 14 de enero de 2025, dando publicidad a su resolución de 18 de diciembre de 2024:

"(...) Sin embargo, la CNMC acreditó después que el ***ICAB había difundido los criterios orientativos validados por la CNMC*** *para que se aplicasen en la práctica como verdaderos baremos de honorarios.* ***Con esta difusión, realizada especialmente en sesiones de formación, se transformaban las indicaciones genéricas de los criterios orientativos en unos porcentajes concretos y, en definitiva, en un sistema de cálculo automático para la tasación de costas.*** *La difusión se produjo entre más de 4.000 abogados del ICAB, además de entre profesionales colegiados en colegios de abogados de otras demarcaciones territoriales.*

Esta práctica constituye un incumplimiento de las resoluciones de 2018 y 2020, tipificado como una infracción muy grave en el artículo 62.4.c) de la Ley de Defensa de la Competencia.

Antes de aprobarse la resolución, el ICAB pagado voluntariamente la multa propuesta (500.000 euros), acogiéndose al artículo 85.3 de la Ley 39/2015, que permite reducir, como mínimo, un 20 % la sanción si la entidad paga por anticipado. El importe de la multa, una vez aplicada la reducción, ha sido de 400.000 euros."

Se prestará especial atención al dictado de nuevos Criterios conforme la LODD se aplique. También está por ver si algunos Colegios continuarán con los que aprobaron y tradicionalmente han sido aplicados hasta ahora. La única realidad es que el fondo que ataca siempre la CNMC ("la difusión de los Criterios") no se alcanza a ver en qué variará con la nueva LODD. Estaremos atentos.

Parte III

Algunas pinceladas sobre los aranceles de la Procura

1. INCLUSIÓN Y EXCLUSIÓN DE LAS PARTIDAS MÁS COMUNES. ARANCEL DE 2003 Y ARANCEL DE 2024

A diferencia de los Abogados y Peritos, los Procuradores se encuentran sometidos a Arancel a la hora de incluir sus derechos por su actuación en el proceso. En las páginas venideras se comentará el Arancel de 2003 (R.D. 1373/2003, DE 7 de noviembre) fundamentalmente por ser el de aplicación mayoritaria en la actualidad (piénsese que se aplica a todos los asuntos anteriores al 1 de mayo de 2024), aunque también se harán referencias al nuevo Arancel de 2024 (R.D. 434/2024, de 30 de abril).

1.1. Sobre el tipo de procedimiento.

Una de las cuestiones más controvertidas, también en relación a los Procuradores, tiene que ver con la determinación de la cuantía del proceso. Como se ha comentado en apartados anteriores del presente trabajo, ésta suele determinarse en el Decreto de admisión de la demanda, y goza del efecto de cosa juzgada formal.

El art. 1 del Arancel de 2003 establece las cuantías de los derechos del Procurador con un sistema de tramos dependiendo de la cuantía del procedimiento. Es la base de todo el sistema, al que se remiten numerosos artículos del Arancel, destacando especialmente el art. 26 relativo a los procesos de ejecución, con todas las especialidades propias establecidas en dicho precepto.

El art. 1.3 del Arancel de 2003 establecía una cuantía de 260 euros para los pleitos de "cuantía indeterminada".

3. En aquellos procedimientos en los que no pueda determinarse, o no se haya determinado la cuantía, durante la sustanciación del procedimiento, o que tengan por objeto materias no susceptibles de cuantificación económica, y en aquellos que no tenga fijado expresamente un concepto especial de percepción de derechos en este arancel, devengará el procurador la cantidad de 260 euros".

Artículo equivalente del Arancel de 2024:

Artículo 3. En aquellos procedimientos en los que no pueda determinarse, o no se haya determinado la cuantía, durante la sustanciación del procedimiento, o que tengan por objeto materias no susceptibles de cuantificación económica, y en aquellos que no tenga fijado expresamente un concepto especial de percepción de derechos en este arancel, devengará cada profesional de la Procura la cantidad de 351,00 euros".

Como es sabido, 18.000 euros según el art. 394 LEC. Con la Ley Orgánica de Eficiencia del Servicio Público de Justicia (L.O. 1/2025) pasa a ser 24.000 euros la "cuantía indeterminada".

Como recoge Martínez de Santos, *"la doctrina jurisprudencial sobre la inalterabilidad de la cuantía es reiterada, y siendo unitario el concepto de cuantía procesal no cabe aplicar una para determinar los presupuestos procesales que dependan de ella (clase de juicio, competencia objetiva, admisibilidad de la casación), y otra para regular las costas, cuando éstas hayan de tomar por base la cuantía, por lo que una vez fijada, a la misma se ajustará la tasación de costas. En este sentido los derechos del Procurador no vienen determinados por el interés económico del pleito, debiendo estarse a la cuantía fijada en primera instancia.*

Pero, según reciente postura del Tribunal Supremo no es acertada la tesis según la cual la cuantía del procedimiento ha de ser, sin posibilidad de modificación, la que el propio demandante fijó en su demanda y que no fue rectificada en el decreto de admisión a trámite de dicha demanda, ni impugnada por la demandada en su contestación a la demanda. En definitiva, ***una cosa es que el incidente de impugnación de la tasación de costas no tenga por objeto fijar la cuantía del pleito, y otra distinta que, cuando la cuantía del procedimiento no haya quedado fijada en la fase declarativa del proceso, en el incidente de impugnación de la***

***tasación de costas**, al valorar los distintos parámetros pertinentes para fijar los honorarios del abogado y los derechos del procurador, uno de los parámetros sobre los que sea preciso pronunciarse sea el de la cuantía del procedimiento".*

Se está teniendo en cuenta aquí la tesis recogida en la Sentencia 1213/2023, de 25 de julio **(TOL9.662.596)**, y que explica convenientemente la STS de 9 de abril de 2024 **(TOL9.975.513)**: "*asimismo, si la cuantía ha sido fijada de común acuerdo por ambas partes, porque el demandado ha mostrado su expresa conformidad con la cuantía fijada en la demanda o porque ambas partes han acercado sus posiciones al respecto y han fijado una cuantía de común acuerdo, ninguna de las partes puede posteriormente pretender que se modifique la cuantía así fijada para favorecer su posición en la tasación de costas o en el acceso al recurso (...) En el presente caso, de las alegaciones de las partes no se deduce que hayan fijado de común acuerdo (...) ni que se haya fijado en la audiencia previa, lo que hace necesario un pronunciamiento sobre dicha cuestión en incidente de tasación de costas. Y, como en la demanda no se pedía la nulidad total del contrato, sino solo del clausulado multidivisa sin concreción de la cantidad a restituir, debe considerarse que la cuantía de la demanda es indeterminada, de acuerdo con el art 251.1.ª LEC. Según la referida sentencia 1213/2023, la fijación de la cuantía como indeterminada no vulnera el principio de efectividad de la Directiva 93/13/CEE, en cuanto a la indemnidad del consumidor por la utilización de cláusulas abusivas*".

Por otra parte, los juicios de desahucio también han sido complejos a la hora de tasar costas. En muchas ocasiones se encuentra la dificultad de interpretar los arts. 2 e) y 2.f) del Arancel de 2003.

e) En los procesos sobre arrendamientos sujetos a la legislación especial de arrendamientos rústicos y urbanos, salvo que tengan por objeto la reclamación de cantidades, en que se estará al importe de las reclamadas, la cuantía será el importe de la renta anual multiplicado por tres.

f) En los juicios de desahucio por falta de pago se devengarán la mitad de los derechos establecidos en este artículo, con un mínimo de percepción de 30 euros.

Artículo relativo al desahucio en Arancel de 2024:

Art. 18.i) En los casos de enervación en los juicios de desahucio, se devengarán el 50 por ciento de los derechos que resulten de aplicar los artículos 2 o 3 según corresponda.

Como destaca Martínez de Santos, se ha suprimido la especialidad relativa a los procesos sobre arrendamientos y tampoco hay referencia al precario. Únicamente a la enervación, como se ha podido comprobar.

Por tanto, en la acumulación de acciones —desahucio y reclamación de cantidad— se devengan los derechos que correspondan de los arts. 18, a) y c) RD 434/2024 en relación al art. 2 RD 434/2024 y a los arts. 251 y 252 LEC valorándose la acción de desahucio según lo dispuesto en el art. 251.9.ª LEC en el importe de una anualidad de renta.

Tal como dispone el nuevo Arancel, si se produce la enervación se devenga el 50 por ciento de los derechos que resulta de aplicar el art. 2 RD 434/2024 a los del juicio de desahucio (art. 18, i) RD 434/2024) y, por tanto, a los que correspondan a las acciones de desahucio y de reclamación de cantidad, que se sumarían al objeto de obtener el citado porcentaje.

Una posible respuesta del Letrado de la Administración de Justicia ante una propuesta de tasación errónea (con el Arancel de 2003) podría ser:

*"Se modifica "art. 1 y 2 d) y e)" por "Art. 2.f", puesto que en el mismo se dispone que, en relación a la acción acumulada de desahucio por falta de pago, únicamente "se devengarán **la mitad** de los derechos establecidos en este artículo". Así, al ser la cuantía del procedimiento por la acción de desahucio 11.160 euros (una anualidad de renta multiplicada por tres, S.A.P. Madrid 8-9-06) la cuantía del tramo del art. 1 debe ser la fijada arancelariamente".*

También se da con cierta frecuencia la confusión de no aplicar, en las ejecuciones de familia, el artículo específico —art. 7.e)— sobre el genérico —art. 26— (Arancel de 2003):

"e) Ejecución de obligaciones.

1.º Por la solicitud de cumplimiento de obligaciones pecuniarias, cada procurador percibirá sus derechos aplicando el 50 por ciento de los derechos que resulten de aplicar la escala del artículo 1, tomando como base la cantidad reclamada con un mínimo de 30 euros.

2.º Por la solicitud de cumplimiento de obligaciones no pecuniarias, cada procurador devengará la cantidad de 30 euros".

El artículo equivalente del Arancel de 2024 es el 22.5:

"a) Por la solicitud de cumplimiento de obligaciones pecuniarias, cada profesional de la Procura percibirá el 50 por ciento de los derechos que resulten de aplicar la escala del artículo 2, tomando como base la cantidad reclamada por principal, intereses y costas.

b) Por la solicitud de cumplimiento de obligaciones no pecuniarias, se devengará como máximo la cantidad de 40,50 euros".

Así, el Letrado de la Administración de Justicia en la tasación podría explicar la reducción de este modo:

"Se aplica el art. 7.e) en lugar del art. 26 por el principio de especialidad. Al tratarse de un procedimiento de ejecución de obligaciones pecuniarias en materia matrimonial y de familia, el arancel prevé una norma específica —el art. 7.e)—, por lo que no es de aplicación el artículo general sobre ejecución (art. 26)".

Y en relación al artículo 26 del Arancel de 2003 sobre procedimientos de ejecución:

"1. En los ***procedimientos de ejecución*** *regulados en este capítulo la cuantía se determinará por la suma del* ***principal más los intereses y costas por los que se despache la ejecución****.*

2. Por la solicitud o demanda ejecutiva y despacho de la ejecución forzosa de resoluciones firmes, percibirá el procurador los derechos que le correspondan conforme a lo dispuesto en el artículo 1.

Si se iniciase la ***vía de apremio*** *percibirá el procurador el 50 por ciento de los derechos que resulten de aplicar el artículo 1 hasta su finalización.*

3. Por la tramitación de la demanda ejecutiva de títulos no judiciales el procurador percibirá los derechos que le correspondan conforme el artículo 1, desde la presentación de la demanda hasta el inicio de la vía de apremio.

Una vez iniciada la ***vía de apremio****, hasta su finalización, percibirá el 50 por ciento más de los derechos que resulten de aplicar el artículo 1.*

Cuando se trate de ***bienes hipotecados o pignorados*** *el procurador percibirá el 75 por ciento de los derechos que resulten de aplicar la escala del artículo 1, tomando como base para el cálculo de los derechos la responsabilidad reclamada de cada finca independiente.*

En caso de ***oposición*** *se incrementarán los derechos en un 25 por ciento de los que resulten de aplicar la escala del artículo 1.*

Si se ***denegase el despacho*** *de la ejecución se percibirá un 15 por ciento de los derechos que resulten de aplicar la escala del artículo 1.*

4. En las ejecuciones que tengan por objeto la ***entrega de cosa*** *mueble, entrega de cosa genérica o indeterminada, así como en las obligaciones de hacer y no hacer, el procurador percibirá en los juicios verbales la suma de 18,57 euros, y en los juicios ordinarios la cantidad de 33,44 euros si se realizara voluntariamente.*

Si hubiese oposición a cualquiera de ellas, el procurador percibirá además el 50 por ciento de los derechos resultantes de la aplicación del artículo 1.

5. Para la tramitación de la ***ejecución provisional****, se estará a lo dispuesto en los apartados 2 y 4.*

6. Por la solicitud de ***la posesión de bienes inmuebles****, en cualquier clase de procedimiento, el procurador percibirá la cantidad de 30 euros por cada finca.*

Por la petición y tramitación del ***lanzamiento****, en cualquier clase de procedimiento, el procurador percibirá además el 25 por ciento de los derechos que le correspondan conforme al artículo 1.*

Si hubiera ***oposición*** *a cualquiera de ellas, los derechos del procurador se incrementarán con la cantidad que resulte de reducir en un 50 por ciento los derechos obtenidos al aplicar la escala del artículo 1.*

7. En las ejecuciones que tengan por objeto la ***liquidación de daños y perjuicios****, frutos y rentas y liquidación de rentas, el procurador percibirá la cantidad de 45 euros.*

Si existiese oposición, se minutará conforme al procedimiento correspondiente, aplicando el artículo 1.

Las respuestas concretas que se pueden dar a diversas solicitudes de tasación pueden ser:

"Se reduce "Art. 26.3", pues el tramo del art. 1 que corresponde al procedimiento es el de "Hasta 12.020,24 euros", y de ahí ha de aplicarse un 75%; puesto que la cuantía por la que ha de realizarse la tasación es la cantidad por la que se ha ***rehabilitado el préstamo hipotecario*** *(12.000 euros), y no la que se reclamaba al inicio del procedimiento.*

"Se modifica "Art. 26", puesto que en las ejecuciones hipotecarias la cuantía a los efectos de la tasación de costas será, en todo caso, la fijada en el auto de admisión a trámite de la demanda ejecutiva, careciendo de soporte procesal la base de cálculo que fija el arancel ***sobre la responsabilidad reclamada de cada finca****. Ello es así porque no existe una responsabilidad de cada finca en la LH o en la LEC y lo único que se ordena es que en la demanda ejecutiva se identifique la cantidad que se reclama por principal, intereses ordinarios y moratorios vencidos, incrementada con el importe correspondiente a los intereses que puedan devengarse, sin exceder del 30 por 100 (arts. 575 y 685 LEC, SAP Las Palmas, 6-4-06). Además, la hipoteca es indivisible (arts. 122 y 123 LH) y subsiste íntegra mientras no se cancele sobre la totalidad de la deuda.*

"Se reduce "Art. 26" puesto que se trata de un ***incidente de oposición a la ejecución*** *en el que no se ha celebrado vista; limitándose al mero traslado por escrito de las pretensiones. Y, por tanto, es de aplicación el art. 26.3 por analogía del art. 26.2, en cuanto que sólo se ha de minutar por el incidente de oposición (incremento del 25%) sin perjuicio de las costas que en su momento se tasen por el propio procedimiento de ejecución de títulos judiciales. Caso distinto habría sido tanto el de celebración de vista como el de estimación total de la pretensión para el oponente, en cuyo caso sí se habría aplicado la cuantía completa del art. 26".*

"Se reduce "Art. 26.4" puesto que en el presente procedimiento únicamente ha de incluirse la fase de oposición a la ejecución, quedando los derechos relativos al proceso de ejecución principal para una fase posterior, es decir, cuando se realice la tasación del mismo".

La resolución referenciada, dictada por la Audiencia Provincial de Las Palmas de 6 de abril de 2006 clarifica con una brillante exposición cómo se debe tasar en ejecución **(TOL6.390.555)**

Los artículos equivalentes del Arancel de 2024 en relación a la ejecución son los que se encuentran entre el 39 y el 44:

"Artículo 39. Disposiciones comunes.

1. En los procedimientos de ejecución regulados en este capítulo la cuantía se determinará por la ***suma del principal más los intereses y costas*** *por los que se despache la ejecución y demás ampliaciones que resulten en ejecución de sentencia.*

2. En caso de ***oposición*** *se incrementarán los derechos, para cada uno de los profesionales de la Procura intervinientes, en un 25 por ciento de los que resulten de aplicar la escala del artículo 2.*

3. Si se ***denegase el despacho*** *de la ejecución se percibirá un 50 por ciento de los derechos que resulten de aplicar la escala del artículo 2.*

4. Se devengarán los derechos previstos en este capítulo cuando se trate de ejecución de ***sentencias y demás títulos ejecutivos extranjeros y laudos arbitrales internacionales*** *reconocidos en España mediante la concesión del correspondiente exequatur.*

Artículo 40. Ejecución de títulos judiciales y no judiciales.

1. Por la solicitud o demanda ejecutiva y despacho de la ejecución forzosa de resoluciones firmes y títulos no judiciales, percibirá el profesional de la Procura de la parte ejecutante los ***derechos que le correspondan conforme a lo dispuesto en la escala del artículo 2*** *desde la presentación de la demanda hasta el inicio de la vía de apremio.*

2. Iniciada la ***vía de apremio*** *hasta su finalización percibirá el 50 por ciento de los derechos que resulten de aplicar la escala del artículo 2.*

3. Sin perjuicio de los derechos devengados en los casos de oposición, el ***representante procesal de la parte ejecutada*** *percibirá el 50 por ciento de los derechos previstos en los dos apartados anteriores.*

Artículo 41. Ejecución de obligaciones de hacer, no hacer y entrega de cosa.

1. En las ejecuciones que tengan por objeto la ***entrega de cosa mueble*** *determinada, de cosa genérica o indeterminada, así como en las obligaciones de hacer y no hacer, el profesional de la Procura percibirá la cantidad de 90 euros si se realizara voluntariamente.*

2. En los supuestos de incumplimiento del deudor se aplicará la escala prevista en el artículo 2 a la cantidad que, en su caso, se hubiera determinado en el título ejecutivo o en el ámbito del procedimiento de ejecución.

3. Si hubiese oposición a cualquiera de ellas, se percibirá además el 50 por ciento de los derechos resultantes de la aplicación de la escala prevista en el artículo 2.

Artículo 42. Ejecución provisional.

Para ***la ejecución provisional****, se devengarán por los profesionales de la Procura intervinientes los derechos previstos para la ejecución de títulos judiciales en el artículo 40 o los derechos previstos en el artículo 41 de este arancel, según corresponda.*

Artículo 43. Toma de posesión y lanzamiento.

1. Por la ***solicitud y toma de la posesión*** *de bienes inmuebles, en cualquier clase de procedimiento, el profesional de la Procura percibirá, como máximo, la cantidad de 40,50 euros que podrá incrementarse como máximo en la suma de 30,00 euros por cada finca si se tratase de la toma de posesión de dos o más fincas.*

2. Por la petición y práctica del ***lanzamiento****, en cualquier clase de procedimiento, percibirá además el 25 por ciento de los derechos que le correspondan conforme a la escala prevista en el artículo 2.*

3. Si hubiera ***oposición*** *a cualquiera de ellas, los derechos del profesional de la Procura se incrementarán con la cantidad que resulte de reducir en un 50 por ciento los derechos obtenidos al aplicar la escala del artículo 2.*

Artículo 44. Liquidación de daños y perjuicios, frutos y rentas.

*1. Por la tramitación en la ejecución de los incidentes **de liquidación de daños y perjuicios**, frutos y rentas y liquidación de rentas, el profesional de la Procura percibirá como máximo la cantidad de 60,75 euros.*

2. Si existiese oposición, se minutará conforme al procedimiento correspondiente, aplicando la escala del artículo 2".

1.2. Sobre partidas concretas

En el ámbito de la impugnación por indebidas, que se tratará más concretamente en el bloque siguiente del presente trabajo, se ha planteado últimamente con cierta frecuencia la exclusión del art. 5.1 y 5.4 del arancel, sobre solicitud de tasación de costas y liquidación de intereses:

"Artículo 5. Tasación de costas, liquidación de intereses y demás incidencias.

1. Por cualquier solicitud de tasación de costas, o intervención en ella, cada procurador percibirá la cantidad de 22,29 euros.

2. En la impugnación de partidas por excesivas, cada procurador devengará la cantidad de 37,15 euros.

3. En la impugnación de partidas por indebidas cada procurador devengará la cantidad de 37,15 euros.

4. Por la liquidación de intereses, cada procurador interviniente percibirá la cantidad de 22,29 euros".

Artículo equivalente Arancel 2024:

Artículo 8. Tasación de costas. Impugnación.

1. Por cualquier solicitud de tasación de costas, o intervención en ella, cada profesional de la Procura percibirá la cantidad máxima de 30,09 euros.

2. Además, en la impugnación de partidas por excesivas, cada profesional de la Procura devengará la cantidad máxima de 50,15 euros.

3. Además, en la impugnación de partidas por indebidas cada profesional de la Procura devengará como máximo la cantidad de 50,15 euros.

En el presente formulario se expone la teoría que defiende su inclusión:

F.5 MODELO DE DECRETO RESOLVIENDO UNA IMPUGNACIÓN DE TASACIÓN DE COSTAS POR INDEBIDAS POR HABERSE INCLUIDO EL ART. 5.1 DEL ARANCEL DE LOS PROCURADORES DEL RD 1373/2003 (ACTUAL ART. 8.1. DEL ARANCEL DEL RD 434/2024).

Normativa aplicable: *art. 246.4 de la Ley 1/2000, de 7 de enero, de Enjuiciamiento Civil (LEC). Art. 5.1. del Arancel de los Procuradores RD 1373/2003 (Actual Art. 8.1 del Arancel de la Procura RD 434/2024).*

Supuesto de hecho: *Se dicta decreto resolviendo el incidente de impugnación de tasación de costas por indebidas en relación a la inclusión de la partida del art. 5.1 del Arancel de 2003 sobre el propio concepto de solicitud de tasación de costas.*

JUZGADO DE PRIMERA INSTANCIA E INSTRUCCION NUMERO X de Y

IMPUGNACIÓN DE COSTAS POR INDEBIDAS

DECRETO

Sr. Letrado de la Administración de Justicia: D. X

En X, a Y de Z

ANTECEDENTES DE HECHO

Único.— *Por XX, se impugnó por indebidas la tasación de costas practicada en el presente Juicio Verbal XX/XX en fecha X de Y de Z, con las alegaciones que constan en su escrito. Se confirió traslado a dicha parte por tres días para que efectuara alegaciones sobre la exclusión y/o reducción reclamada, con el resultado que obra en autos.*

FUNDAMENTOS DE DERECHO

Primero.— *Dispone el artículo 246.4 de la L.E.C. que, cuando sea impugnada la tasación por haberse incluido en ella partidas de derechos* *u honorarios indebidas, o por no haberse incluido en aquélla gastos debidamente justificados y reclamados, el Letrado de la Administración de Justicia dará traslado a la otra parte por tres días para que se pronuncie sobre la inclusión o exclusión de las partidas reclamadas.*

El Letrado de la Administración de Justicia resolverá en los tres días siguientes mediante decreto. Frente a esta resolución podrá ser interpuesto recurso directo de revisión y contra el auto resolviendo el recurso de revisión no cabe recurso alguno.

Segundo.— *En relación a la impugnación por indebidas de partidas incluidas por el Procurador (art. 5.1 y 85 del arancel R.D. 1373/2003), las misma ha de ser desestimada. Sobre la impugnación por indebidos de los derechos del Procurador, en concreto, la partida del art. 5.1 del Arancel (solicitud de tasación de costas), este Letrado de la Administración de Justicia no comparte los argumentos jurisprudenciales que son partidarios de su exclusión, como —por otra parte— tampoco parece que los comparta la inmensa mayoría de los profesionales de la Procuraduría. De hecho, la* ***Consulta n.º 115 resuelta por la Comisión de Aranceles del CGPE*** *resuelve que "es totalmente procedente dicha inclusión". Y en cuanto a la idea de que se devenga con posterioridad al título que sirve de base a la tasación, no tendría sentido tener que pedir una nueva tasación de costas después de la práctica de la misma exclusivamente para solicitar este derecho cuando se puede realizar desde este momento y quedar la tasación definitivamente aprobada (en ese sentido, auto 22-2-2011 Secc. 21.ª, A.P. Madrid). Además, el mero hecho de practicar la tasación una vez que una resolución judicial/procesal o disposición legal lo permite, hace completamente inviable la posibilidad de que sea denegado el incidente de tasación, tal como dice la impugnante. Por todo ello, es completamente procedente la inclusión. A pesar de lo establecido en el Auto del Pleno de la Sala de lo Civil del Tribunal Supremo de 15 de abril de 2011, que sostiene que dicha partida no formaba parte de los conceptos del título del derecho de crédito de costas —resolución que condena al pago de las mismas—, pues se devenga con posterioridad.*

Tercero.— *No ha lugar a condena en costas por tratarse de una cuestión que plantea dudas de hecho o de derecho.*

PARTE DISPOSITIVA

ACUERDO:

1. Desestimar la impugnación por indebidas presentada por XX por los motivos expuestos en esta resolución.

2. Acordar que la tasación practicada el X de Y de Z se confirma en todos los extremos.

"TOTAL TASACIÓN: 8.467,74 euros. Importa la presente tasación la cantidad de OCHO MIL CUATROCIENTOS SESENTA Y SIETE EUROS CON SETENTA Y CUATRO CÉNTIMOS"

3. Declarar debidas todas las partidas que la misma comprende, con la particularidad del apartado 2 de esta parte dispositiva

4. No ha lugar a pronunciamiento sobre costas por plantear la cuestión dudas de hecho o de derecho.

MODO DE IMPUGNACIÓN*: recurso de revisión en el plazo de cinco días ante el Letrado de la Administración de Justicia que lo dicta que lo dicta.*

INFORMACIÓN SOBRE EL DEPÓSITO PARA RECURRIR

De conformidad con la D.A. 15.ª de la LOPJ, para que sea admitido a trámite el recurso de ***revisión*** *contra esta resolución deberá constituir un depósito de 25 €, que le será devuelto sólo en el caso de que el recurso sea estimado.*

Así lo acuerdo y firmo. Doy fe.

EL LETRADO DE LA ADMINISTRACIÓN DE JUSTICIA

(Elaborado sobre formulario de elaboración propia)

La jurisprudencia mencionada en el formulario es:

— A.A.P. Madrid (secc. 21.ª) de 22 de febrero de 2011 **(TOL2.112.248)**

— Auto del Pleno de la Sala de lo Civil del Tribunal Supremo de 15 de abril de 2011 **(TOL2.304.519).**

A continuación, se incluye un formulario de tasación de costas practicada por el Letrado de la Administración de Justicia en el que se excluyen una serie de partidas con el Arancel de 2003 y sus correspondientes explicaciones. Y posteriormente se ofrece el mismo formulario adaptado al articulado del Arancel de 2024. Como es lógico, no suele ser frecuente que en una sola tasación se den tantas exclusiones, pero el modelo lo es a título ejemplificativo, para incluir un amplio abanico de posibilidades que pueden darse. Al final se relaciona la jurisprudencia utilizada en las notas del Letrado de la Administración de Justicia:

F.6 MODELO DE TASACIÓN DE COSTAS CON EXCLUSIONES DE PARTIDAS DE PROCURADOR SEGÚN EL R.D. 1373/2023

Normativa aplicable: *art. 243 y 539 de la Ley 1/2000, de 7 de enero, de Enjuiciamiento Civil (LEC). Arts. 24,25,27,48,82,83,84,85 y 88 del Arancel de los Procuradores RD 1373/2003.*

Supuesto de hecho: *Se practica tasación de costas por el Letrado de la Administración de Justicia en una Ejecución de Título Judicial y se exponen en la misma los motivos por los que se excluyen ciertas partidas de las que se solicitaba por el Procurador su inclusión en la tasación. Todo ello aplicable a las tasaciones presentadas a las que haya que seguir aplicando el R.D. 1373/2023 por devengarse sus actuaciones bajo su vigencia (hasta el 1 de mayo de 2024).*

JUZGADO DE PRIMERA INSTANCIA
E INSTRUCCIÓN N.º X
X (Y)
Procedimiento: ETJ XX/YY

TASACIÓN DE COSTAS

QUE PRACTICA EL LETRADO DE LA ADMINISTRACIÓN DE JUSTICIA D. X DE ACUERDO CON LO DISPUESTO EN EL ARTÍCULO 243 DE LA LEY 1/2000, DE ENJUICIAMIENTO CIVIL (LECn), EN LA EJECUCIÓN DE TÍTULO JUDICIAL XX/YY, en el que ha quedado condenada la parte ejecutada, según lo establecido en el art. 539 LEC.

— HONORARIOS DEL LETRADO D. XX, según minuta detallada aportada.

Honorarios.	*474,00 euros*
IVA 21%	*99,54 euros*
TOTAL HONORARIOS	***573,54 euros***

Se adecua el IVA a los correctos cálculos aritméticos.

— SUPLIDOS Y DERECHOS DEL PROCURADOR D. YY, según nota de derechos aportada.

SUPLIDOS

ITPAJD	**60,20 euros**

DERECHOS

Art.26	*89,25 euros*
Art. 5.1.Tasación de costas	*22,29 euros*
Art. 5.4 Liquidación de intereses...	*22,29 euros*
TOTAL DERECHOS	*133,83 euros*
IVA 21%	*28,10 euros*
TOTAL DERECHOS C/IVA	***161,93 euros***

SUPLIDOS Y DERECHOS = 222,13 euros.

Se excluye "Art. 24.1 Incidencias cesión de remate" al no ser repercutible en el condenado en costas el hecho de que exista un ejecutante primero y, posteriormente, se ceda a un tercero, siendo una cuestión de exclusivo interés de los cedentes y cesionarios, sin perjuicio de poder ser reclamados de su actual poderdante. A los efectos del ejecutado tal circunstancia es superflua a de acuerdo con el art. 243.2 LEC.

Se excluye "Art. 24.3 Investigación Patrimonial", pues la actuación se ha limitado a una mera solicitud de investigación a través del Punto Neutro Judicial, que ha tramitado el Juzgado.

Se excluye "Art. 25.1", por no ser repercutible en el condenado en costas la retirada de mandamientos de devolución por el Procurador, no resultando derechos correspondientes a actuaciones necesarias sino a una preten-

dida mayor agilidad de la parte interesada en ello (S. A. P. Pontevedra, 31-1-06).

Se excluye "Art. 48 Recurso de reposición" y "Art. 27 Declinatoria", por haber sido desestimados ambos incidentes planteados por la demandada, por lo que han devenido superfluas las actuaciones.

Se excluye "despachos cumplimentados por terceros tramitación Reg Propiedad. Cocentaina cert. Cargas" por no ser de cuenta del condenado en costas el hecho de que el Procurador no tenga su domicilio en Alcoy y tenga que utilizar los servicios de una gestoría; pudiendo incluirse en la nota de derechos las partidas correspondientes por la tramitación de la certificación de cargas fuera de la localidad sede del Juzgado, en su caso.

Se excluye "Art. 84 Salidas del Municipio" por no constar actuación realizada fuera del término municipal de Alcoy y por no ser de cuenta del condenado en costas el hecho de que el Procurador no tenga su domicilio en esta ciudad.

Se reduce "Art. 83 y 84", pues es incompatible la percepción de los derechos del art. 83.2 con los del art. 84, siendo en este caso que el procurador ha "acompañado a la Comisión Judicial" a la diligencia de embargo, sin "salir de la población de su residencia".

Se excluye "Art. 83.1.ª cumplimientos oficios" al incluirse únicamente las actuaciones necesarias del Procurador, puesto que no es repercutible en el condenado en costas el cumplimiento de oficios y exhortos, sin perjuicio de poder ser reclamados de su poderdante, al consistir en una actuación que se podría haber realizado de oficio (S. AP Tarragona, 5-5-03). Se trata de actuaciones en interés de la parte y no en interés del desarrollo del proceso, partiendo de la regla general de la cumplimentación de oficio (S.A.P. Granada 14-1-11).

Se reduce "Art. 83.1 Registro y liquidación", puesto que el Procurador incluye la tarifa arancelaria relativa al tramo de "Más de 6010,12 euros", cuando en realidad la cuantía del procedimiento no llega a los mencionados 6010,12 euros (5606,55 euros, en concreto).

Se excluye "Art. 83.2 Acompañamiento a la Comisión Judicial. Diligencia de Requerimiento de Pago y Embargo (XX-YY-ZZ)", puesto que el procurador ha "acompañado a la Comisión Judicial" a la diligencia de embargo, pero en el SCNE, "dentro del local del Juzgado".

Y en relación al art. 85 (traslado de copias), la LEC obliga a presentar copias de la demanda (arts. 273-277) por lo que no puede considerarse un gasto superfluo a efectos de su exclusión en la tasación de costas. Además, en el presente caso, la cantidad de 9 euros se considera apropiada, haciendo una estimación general de la demanda y, en ningún caso, parece excesiva teniendo en cuenta el arancel vigente.

Se reduce "Art. 85" al no quedar acreditada su realización de forma pormenorizada (S. AP. Valladolid, 12-1-07), pudiendo el Secretario hacer una evaluación estimativa de la proporcionalidad de la cantidad reclamada por este concepto (S.A.P. Asturias 21-1-11).

Se excluye "Art. 88" por ser unánime la Jurisprudencia que excluye de la tasación de costas la petición de desgloses, testimonios y otros documentos.

Se excluye el suplido "Gastos Mensajería presentación en Alcoy" por tratarse de actuaciones que no habría devengado un Procurador con sede en este partido judicial y este hecho no puede ser repercutido en el condenado en costas. El concepto de "fotocopias presentación" ya se entiende incluido en el apartado "derechos".

Se excluye "Art. 82 cuota" por tratarse de actuaciones extraprocesales que no son objeto de tasación de costas, por ser unánime y reiterada la Jurisprudencia que declara no repercutibles estos gastos en el condenado en costas. Se excluye por afectar únicamente al declarante y ser indiferente para la tramitación del pleito (STS 7-10-88 y STC 28/90, de 26-2).

No se incluye "Pólizas y Mutualidad", por ser unánime y reiterada la Jurisprudencia que declara no repercutibles estos gastos en el condenado en costas. Se excluye por afectar únicamente al declarante y ser indiferente para la tramitación del pleito (STS 7-10-88 y STC 28/90, de 26-2).

No se incluye "Abonado bastanteo", por tratarse de un formalismo con una proyección económico-colegial carente de justificación en el cumplimiento del principio de justicia, y en pugna con el constitucional derecho a obtener una tutela judicial efectiva (STC 28/90).

Se excluye "Suplidos telegramas" por tratarse de gastos, y, además, anteriores a la presentación de la demanda. Todos los gastos previos al proceso, extraprocesales, por trascendentes que sean, no son incluibles en la tasación de costas, ya que no se han devengado en el pleito. Son, pues, de cargo de la parte a quien benefician.

Se excluye "tasa judicial" al no constar liquidada la tasa en el presente procedimiento donde, además, no es preceptiva.

Se excluye "Certificado correo" por no ser repercutible en el condenado en costas ningún gasto de correo, entendiéndose incluidos como actuación general del Procurador en sus derechos.

*TOTAL TASACIÓN (s.e.u.o.): **795,67** Euros.*

*Importa la presente tasación de costas la cantidad **de SETECIENTOS TREINTA Y CINCO EUROS CON CUARENTA Y SIETE CÉNTIMOS.***

En ZZZ, a XX de XX de YY

EL LETRADO DE LA ADMINISTRACIÓN DE JUSTICIA

(Elaborado sobre formulario de elaboración propia)

Como se puede observar, se aplica IVA tanto a los honorarios del Letrado como a los "derechos" del Procurador, pero nunca a los "suplidos", que son justificaciones de gastos no sujetas a arancel: tasas judiciales (por el ejercicio de la potestad jurisdiccional o la de subasta), facturas del Registro de la Propiedad, liquidaciones del Impuesto de Transmisiones Patrimoniales y Actos Jurídicos Documentados…

F.7 MODELO DE TASACIÓN DE COSTAS CON EXCLUSIONES DE PARTIDAS DE PROCURADOR SEGÚN EL R.D. 434/2024

***Normativa aplicable**: art. 243 y 539 de la Ley 1/2000, de 7 de enero, de Enjuiciamiento Civil (LEC). Arts. 7,10,11,12,13,15 y 49 del Arancel de la Procura RD 434/2024.*

***Supuesto de hecho:** Se practica tasación de costas por el Letrado de la Administración de Justicia en una Ejecución de Título Judicial y se exponen en la misma los motivos por los que se excluyen ciertas partidas de las que se solicitaba por el Procurador su inclusión en la tasación. Todo ello aplicable a las tasaciones presentadas a las que haya que seguir aplicando* *el R.D. 1373/2023 por devengarse sus actuaciones bajo su vigencia (hasta el 1 de mayo de 2024).*

TASACIÓN RELATIVA AL PROCURADOR APLICANDO POR COMPLETO EL ARANCEL DE 2024:

DERECHOS

Art.40 (art. 2)	*120,49* euros
Art. 8.1.Tasación de costas	*30,09* euros
Art. 9 Liquidación de intereses	*30,09* euros
TOTAL DERECHOS..................	*180,67* euros
IVA 21%	*37,94* euros
TOTAL DERECHOS C/IVA	***218,61 euros***

Se excluye "despachos cumplimentados por terceros tramitación Registro Propiedad. Cocentaina cert. Cargas" por no ser de cuenta del condenado en costas el hecho de que el Procurador no tenga su domicilio en Alcoy y tenga que utilizar los servicios de una gestoría; pudiendo incluirse en la nota de derechos las partidas correspondientes por la tramitación de la certificación de cargas fuera de la localidad sede del Juzgado, en su caso.

Se excluye "Art. 7.2 Salidas del Municipio" por no constar actuación realizada fuera del término municipal de Alcoy y por no ser de cuenta del condenado en costas el hecho de que el Procurador no tenga su domicilio en esta ciudad.

Se reduce "Art. 7 y 7.2", pues es incompatible la percepción de los derechos del art. 7, siendo en este caso que el procurador ha "acompañado a la Comisión Judicial" a la diligencia de embargo, sin "salir de la población de su residencia".

Se excluye "Art. 7 Acompañamiento a la Comisión Judicial. Diligencia de Requerimiento de Pago y Embargo (XX-YY-ZZ)", puesto que el procurador ha "acompañado a la Comisión Judicial" a la diligencia de embargo, pero en el SCNE, "dentro del local del Juzgado".

Se excluye "Art. 7 cumplimientos oficios" al incluirse únicamente las actuaciones necesarias del Procurador, puesto que no es repercutible en el con-

denado en costas el cumplimiento de oficios y exhortos, sin perjuicio de poder ser reclamados de su poderdante, al consistir en una actuación que se podría haber realizado de oficio (S. AP Tarragona, 5-5-03). Se trata de actuaciones en interés de la parte y no en interés del desarrollo del proceso, partiendo de la regla general de la cumplimentación de oficio (S.A.P. Granada 14-1-11)

La tramitación de exhortos, mandamientos y oficios (art. 7 RD 434/2024) ha sido un tema discutido, siendo la doctrina más común la que entendía que los gastos por los exhortos cumplimentados de forma voluntaria por medio del procurador, era una actuación inútil e innecesaria. La Ley 42/2015, de 5 de octubre reformó el art. 243.2 LEC resolvió la cuestión y no se incluyen en la tasación de costas los derechos de los Procuradores devengados por la realización de los actos procesales de comunicación, cooperación y auxilio a la Administración de Justicia, así como de las demás actuaciones meramente facultativas que hubieran podido ser practicadas, en otro caso, por las Oficinas judiciales.

No obstante, el art. 7.1 RD 434/2024 suscita alguna duda (Martínez de Santos), pues relaciona el devengo con el carácter preceptivo del acto de comunicación y, eso no es lo que dice el art. 243.2 LEC y, olvida además la tramitación telemática del proceso.

Y en relación al art. 85 (traslado de copias), la LEC obliga a presentar copias de la demanda (arts. 273-277) por lo que no puede considerarse un gasto superfluo a efectos de su exclusión en la tasación de costas. Además, en el presente caso, la cantidad de 9 euros se considera apropiada, haciendo una estimación general de la demanda y, en ningún caso, parece excesiva teniendo en cuenta el arancel vigente.

***Se incluye** Art, 8 RD 434/2024, pues la nueva redacción parece solucionar el cuestionamiento que existía anteriormente con el art. 5 RD 1373/2003 (Martínez de Santos). No solo establece que, por cualquier solicitud de tasación de costas, o intervención en ella, cada profesional de la Procura percibirá la cantidad máxima de 30,09 euros, sino que en los casos de impugnación por excesivas o por indebidas, se devengará, además, la cantidad máxima de 50,15 euros.*

Se excluye "Art. 10 Incidencias cesión de remate" al no ser repercutible en el condenado en costas el hecho de que exista un ejecutante primero y, posteriormente se ceda a un tercero, siendo una cuestión de exclusivo interés de los cedentes y cesionarios, sin perjuicio de poder ser reclamados de su actual poderdante. A los efectos del ejecutado tal circunstancia es superflua a los efectos del art. 243.2 LEC.

Se excluye "Art. 10 Investigación Patrimonial", pues la actuación se ha limitado a una mera solicitud de investigación a través del Punto Neutro Judicial, que ha tramitado el Juzgado. Las actuaciones de investigación patrimonial sólo son incluibles en la tasación cuando el procurador las realice materialmente, porque sí el legislador hubiera querido que bastase la mera solicitud así lo habría expresado, así que es necesario que la intervención del Procurador sea determinante, debiendo ser actuaciones que no resulten de la mera rutina programada en los sistemas de accesos telemáticos de los que dispone el órgano judicial para averiguación patrimonial (Martínez de Santos).

Se excluye "Art. 11", por no ser repercutible en el condenado en costas la retirada de mandamientos de devolución por el Procurador, no resultando derechos correspondientes a actuaciones necesarias sino a una pretendida mayor agilidad de la parte interesada en ello (S. A. P. Pontevedra, 31-1-06).

No cabe la inclusión del derecho por la retirada de los mandamientos de pago (art. 11 RD. 434/2024) porque el Procurador no efectúa actividad alguna, tratándose de una actuación que sólo resulta de utilidad para su representado. Tampoco sobre las transferencias bancarias en las que ni tan siquiera habría actuación (Martínez de Santos).

Se reduce "Art. 12" al no quedar acreditada su realización de forma pormenorizada (S. AP. Valladolid, 12-1-07), pudiendo el Secretario hacer una evaluación estimativa de la proporcionalidad de la cantidad reclamada por este concepto (S.A.P. Asturias 21-1-11).

Con el cambio tecnológico introducido por el RD 1065/2015 de 27 de que regula el sistema LEXNET, se utiliza el sistema electrónico para la presentación de escritos y documentos y para la recepción de actos de comunicación, y si todas las actuaciones están digitalizadas y por tanto no requieren copia, no podrá aplicarse citado el art 12 RD 434/2024 (Martínez de Santos).

Se excluye "Art. 13" por ser unánime la Jurisprudencia que excluye de la tasación de costas la petición de desgloses, testimonios y otros documentos.

Se excluye el suplido "Gastos Mensajería presentación en Alcoy" por tratarse de actuaciones que no habría devengado un Procurador con sede en este partido judicial y este hecho no puede ser repercutido en el condenado en costas. El concepto de "fotocopias presentación" ya se entiende incluido en el apartado "derechos".

Se excluye "Art. 15 cuota" por tratarse de actuaciones extraprocesales que no son objeto de tasación de costas, por ser unánime y reiterada la Jurisprudencia que declara no repercutibles estos gastos en el condenado en costas. Se excluye por afectar únicamente al declarante y ser indiferente para la tramitación del pleito (STS 7-10-88 y STC 28/90, de 26-2).

No se incluye "Pólizas y Mutualidad", por ser unánime y reiterada la Jurisprudencia que declara no repercutibles estos gastos en el condenado en costas. Se excluye por afectar únicamente al declarante y ser indiferente para la tramitación del pleito (STS 7-10-88 y STC 28/90, de 26-2).

No se incluye "Abonado bastanteo", por tratarse de un formalismo con una proyección económico-colegial carente de justificación en el cumplimiento del principio de justicia, y en pugna con el constitucional derecho a obtener una tutela judicial efectiva (STC 28/90).

Se excluye "Suplidos telegramas" por tratarse de gastos, y, además, anteriores a la presentación de la demanda. Todos los gastos previos al proceso, extraprocesales, por trascendentes que sean, no son incluibles en la tasación de costas, ya que no se han devengado en el pleito. Son, pues, de cargo de la parte a quien benefician.

Se excluye "tasa judicial" al no constar liquidada la tasa en el presente procedimiento donde, además, no es preceptiva.

Se excluye "Certificado correo" por no ser repercutible en el condenado en costas ningún gasto de correo, entendiéndose incluidos como actuación general del Procurador en sus derechos.

Se excluye "Art. 49 Recurso de reposición", por haber sido desestimados ambos incidentes planteados por la demandada, por lo que han devenido superfluas las actuaciones.

Los derechos correspondientes al recurso de reposición y al de revisión, subsanación y complemento de resoluciones judiciales y procesales solo podrá incluirse cuando exista un expreso pronunciamiento de condena en costas (art. 49 RD 434/2024), pero, como es sabido sólo podría darse si se aprecia temeridad o mala fe, puesto que, según la jurisprudencia no cabe condena en costas, al no estar expresamente prevista en este tipo de recursos.

(Elaborado sobre formulario de elaboración propia)

La jurisprudencia que se ha utilizado en los formularios anteriores:

— SAP Pontevedra de 31 de enero de 2006 **(TOL830.870).**

— SAP Tarragona de 5 de mayo de 2003 **(TOL321.527).**

— SAP Granada de 14 de enero de 2011 (**TOL2.161.235**)

— SAP Valladolid de 12 de enero de 2007 **(TOL1.507.492)**

— S.A.P. Asturias de 21 de enero de 2011 (**TOL2.078.177**)

— STS (Sala 1.ª) de 7 de octubre de 1988 (**TOL1.734.419**)

— STC 28/1990, de 26 de febrero **(TOL80.321)**

2. EL ARANCEL DE MÁXIMOS

Los Juzgados españoles han de declarar nulos todos aquellos pactos contrarios a las disposiciones legales que regulan los Aranceles de los Procuradores. Así ha quedado plasmado en la sentencia del Tribunal de Justicia de la Unión Europea de fecha 8 de diciembre de 2.016 **(TOL5.902.188)** de los asuntos acumulados C-532/15 y C-538/15 (*Confilegal,* 15 de enero de 2017).

Así, la mencionada sentencia no solo ha mantenido la vigencia de los aranceles de los Procuradores establecidos en el Real Decreto 1373/2003, de 7 de noviembre modificado por el Real Decreto 1/2006 por estar acorde con el Derecho de la Unión Europea, sino que configura como imperativas sus disposiciones, lo que supone su vinculación no solo para los profesionales implicados, sino también para todos los jueces y tribunales de la Administración de Justicia.

Ello termina con todos los pactos que menoscaben el arancel de los Procuradores y pone fin a los acuerdos regularmente impuestos por parte de los prestatarios de los servicios de este grupo de profesionales cuya importancia de su labor resulta imprescindible en el marco de un procedimiento judicial.

Prosigue la noticia de *Confilegal* exponiendo que el origen de dicha sentencia se encuentra en las cuestiones que planteaban la Audiencia Provincial de Zaragoza y el Juzgado de Primera Instancia de Olot al Tribunal de Justicia de la Unión Europea (TJUE) sobre si la fijación de los derechos de los Procuradores era compatible con el derecho de la Unión Europea.

De este modo, el TJUE manifestó que **dicho Real Decreto 1373/2003 no se opone con la normativa europea**, manteniendo por tanto su vigencia por no presentar incompatibilidad alguna con las normas de la unión relativas a la libre prestación de servicios y ser una normativa interna del Estado español, limitándose su aplicación dentro del ordenamiento jurídico propio o local de nuestro Estado.

En este sentido los órganos jurisdiccionales españoles deberán limitarse, en palabras del Tribunal Europeo: "*A verificar su aplicación estricta, sin poder apartarse, en circunstancias excepcionales, de los límites fijados en dicho arancel*" recalcando que "*los Jueces nacionales están vinculados por el arancel fijado en el Real Decreto 1373/2003 a la hora de proceder a la liquidación de los honorarios y no pueden apartarse de dicho arancel en casos excepcionales ni verificar la proporcionalidad del importe de los honorarios con el servicio prestado*", según se menciona en la resolución judicial.

En consecuencia, esta sentencia supone una revolución contra aquellos pactos que comúnmente acuerdan los Procuradores con los prestatarios de sus servicios, o lo que es aún más habitual, la imposición de unas condiciones económicas por parte de éstos últimos a los Procuradores por debajo de los aranceles legales.

Por dicho motivo, los Procuradores podrían reclamar la restitución de los honorarios indebidamente dejados de percibir por debajo de los aranceles fijados legalmente. Y compete a la autoridad judicial nacional declarar nulos y sin aplicación dichos pactos contrarios a la ley.

En definitiva, y esto es lo importante, Los Procuradores ostentaran su legítimo derecho a que sus servicios profesionales sean retribuidos conforme al arancel, pues como ha quedado plasmado en la sentencia comentada, en el procedimiento de tasación de costas los órganos jurisdiccionales no podrán apartarse del carácter imperativo del R.D. 1373/2003 (y actualmente del R.D. 434/2024)

De acuerdo con el artículo 14 del Código Deontológico de los Procuradores, éstos vienen obligados "a percibir los derechos que le correspondan por el desarrollo de su actividad profesional con arreglo a las disposiciones vigentes reguladoras del arancel".

De igual modo el apartado 4 del artículo 242 de la Ley de Enjuiciamiento Civil dispone que "se regularan con sujeción a los aranceles los derechos que correspondan a los funcionarios, Procuradores y profesionales que a ellos estén sujetos.

Como se ha ido adelantando anteriormente, la novedad más relevante en relación a los aranceles de los Procuradores es la aprobación del Real Decreto 434/2024, de 30 de abril, por el que se aprueba el arancel de derechos de los profesionales de la Procura.

En los últimos años se ha aplicado (y todavía se aplica para las actuaciones realizadas bajo su mandato) el Real Decreto 1373/2003, de 7 de noviembre, por el que se aprobó el arancel de derechos de los Procuradores de los Tribunales.

La Comisión Europea tramitó un procedimiento de infracción contra el Reino de España, en relación con la Procura, por entender que el Real Decreto 1373/2003, de 7 de noviembre, contravenía el Derecho de la Unión Europea. Consideraba que estos aranceles eran aranceles fijos y, por lo tanto, mínimos y podían suponer una restricción no justificada, tanto a efectos del artículo 49 del TFUE, sobre libertad de establecimiento, y del artículo 56, sobre libre prestación de servicios, como a tenor del artículo 15, apartado 2, letra g) y el artículo 16 de la Directiva 2006/123/CE del Parlamento Europeo y del Consejo, de 12 de diciembre de 2006, relativa a los servicios en el mercado interior. En contestación a este planteamiento de la Comisión Europea se aprobó la Ley 15/2021, de 23 de octubre, por la que se modifica la Ley 34/2006, de 30 de octubre, sobre el acceso a las profesiones de Abogado y Procurador de los Tribunales, así como la Ley 2/2007, de 15 de marzo, de sociedades profesionales, el Real Decreto-ley 5/2010, de 31 de marzo, por el que se amplía la vigencia de determinadas medidas económicas de carácter temporal, y la Ley 9/2014, de 9 de mayo, General de Telecomunicaciones. La Ley, entre otras cosas, estableció que el sistema arancelario de la Procura no podrá fijar un límite mínimo para las cantidades devengadas en relación con las distintas actuaciones profesionales realizadas. De esta forma, se cumplía con los solicitado por la Comisión Europea **sustituyendo el modelo que giraba en torno a la existencia de aranceles mínimos obligatorios, por un sistema de aranceles máximos**. La disposición final primera de la Ley 15/2021, de 23 de octubre pedía al Gobierno que aprobara, en el plazo de un año desde la entrada en vigor de dicha ley, un real decreto por el que se modifique el Real Decreto 1373/2003, de 7 de noviembre, por el que se aprueba el arancel de derechos de los Procuradores de los tribunales. Así, se aprobó el Real Decreto 307/2022, de 3 de mayo, por el que se modificaba el Real Decreto 1373/2003, de 7 de noviembre, para acomodar el sistema de aranceles de la Procura al derecho de la Unión Europea Pero dicho Real Decreto que fue anulado por sentencia del Tribunal Supremo de 9 de abril de 2024 **(TOL9.979.171)**. Por todo ello, resultaba necesario reformar el arancel de la Procura en cumplimiento de la citada ley y de ahí el Real Decreto 434/2024, de 30 de abril. Se menciona que "*la nueva regulación se fundamenta en la libre negociación para la fijación de precios entre el profesional de la Procura y el cliente, fomentando de esta manera la libre competencia entre los profesionales,* ***con el único límite que comporta no superar los precios máximos en que se transforman los derechos arancelarios*** *que de esta manera se erigen en garantía de los derechos de los clientes, sean o no consumidores y, en particular, de su derecho de acceso a la Justicia y de su derecho de defensa, redundando todo ello en el buen funcionamiento del servicio público de Justicia*".

De igual modo, se actualizan las cuantías del arancel, que estaban congeladas desde 2003 y se trasladan las modificaciones procesales que se han ido introduciendo desde entonces.

Se justifica su aprobación por el principio de transparencia pues el proyecto —dice el Preámbulo— ha sido sometido a los trámites propios de la participación pública, esto es, consulta pública previa y trámites de audiencia e información públicas (téngase en cuenta que el TS anula la modificación por este motivo fundamentalmente).

Como recoge Martínez de Santos, el ATS, Sala 1.ª, de 15 de marzo de 2017 **(TOL6.011.596)** terminó con la polémica sobre la vigencia del Arancel y en el caso de condena en costas, no podían moderarse los derechos de los Procuradores establecidos normativamente en sus aranceles, ni fijar estos derechos por comparación con los honorarios de otros profesionales. Por tanto, ha de acudirse al arancel cuando no se pacte la cantidad a percibir y, evidentemente cabe libertad de pacto sin sujeción estricta a lo establecido en el arancel, aunque circunscrita a la posibilidad del incremento o disminución del art. 2 RD 1373/2003.

Sobre esta cuestión del Arancel de máximos, se incluye un modelo de un supuesto pacto entre Procurador y cliente anterior al R.D. 307/2022 con sistema que modificaba el Arancel en perjuicio del Procurador. Se trata de una impugnación de cuenta jurada de Procurador.

F.8 MODELO DE DECRETO RESOLVIENDO UNA IMPUGNACIÓN DE JURA DE CUENTAS RELATIVA A LOS ARANCELES MÍNIMOS OBLIGATORIOS Y LA INTRODUCCIÓN DE LOS ARANCELES DE MÁXIMOS

***Normativa aplicable**: art. 34.2 de la Ley 1/2000, de 7 de enero, de Enjuiciamiento Civil (LEC). Arancel de los Procuradores RD 1373/2003, de 7 de noviembre y R.D. 307/2022, de 3 de mayo.*

***Supuesto de hecho:** Se dicta decreto resolviendo el incidente de impugnación de jura de cuentas por indebidas de Procurador en relación a una supuesta aplicación de un pacto entre cliente y Procurador que vulneraba el arancel mínimo obligatorio, sin vigencia del llamado "arancel de máximos".*

Procedimiento: Incidentes-Impugnación Jura Cuentas XXXX

DECRETO

Sr. Letrado de la Administración de Justicia: D.X.

En Alcorcón (Madrid), a X de X Y.

ANTECEDENTES DE HECHO

Único.— Por D.ª XXXXXX, en nombre y representación de XXXXXX. se impugnó la jura de cuentas presentada en el procedimiento XXXX de este Juzgado, por el carácter de actuaciones indebidas. Alegando que la minuta de honorarios de la Procuradora D.ª XXXXX se encuentra en disonancia con el contrato suscrito por ambas partes en cuanto la representación. Se confirió al Procurador por tres días para que a efectuara alegaciones sobre la impugnación, con el resultado que obra en autos.

FUNDAMENTOS DE DERECHO

Primero.— Dispone el artículo 34.2 de la LEC, cuando sea impugnada la jura de cuentas por haberse incluido en ella partidas de derechos u honorarios indebidas, o por no haberse incluido en aquélla gastos debidamente justificados y reclamados, el Letrado de la Administración de Justicia examinará la cuenta y las actuaciones procesales, así como la documentación aportada y dictará, en el plazo de diez días, decreto determinando la cantidad que haya de satisfacerse al Procurador (...).

Segundo.— En el presente supuesto hay que tener en cuenta que, efectivamente, tal como dice la parte impugnada, el arancel de los Procuradores es el aplicable a sus actuaciones y que el contrato aportado no se encuentra firmado por quien lo propone (XXXXX), aunque sí conste la firma de la Procuradora Sra. XXXXXX. Así las cosas, la posibilidad de pacto entre cliente y Procurador sobre las cuantías de los aranceles no ha estado prevista en nuestra legislación hasta el Real Decreto 307/22, de 3 de mayo (entrada en vigor el 4 de mayo), por el que se modifica el Real Decreto 1373/2003, de 7 de noviembre, por el que se aprueba el arancel de derechos de los Procuradores de los Tribunales. Téngase en cuenta el tenor del Preámbulo del R.D. 307/22: "En concreto, el presente real decreto suprime los aranceles mínimos obligatorios, a la par que establece un sistema de aranceles máximos, con la finalidad de garantizar la debida protección de los ciudadanos que acceden a la Administración de Justicia y lograr una mayor agilidad de la Administración de Justicia. Asimismo, una de las principales modificaciones que este real decreto incorpora a este nuevo régimen de aranceles de la procura viene dada por la posibilidad de un pacto inferior, entre las partes, respecto a los aranceles. De esta forma y, a través de esta modificación, que contribuye notablemente a fortalecer la libre competencia entre los profesionales, el procurador y su cliente gozan de libertad para pactar la retribución de los servicios profesionales prestados por el primero, con el único límite que comporta no superar los precios máximos en que se transforman los derechos arancelarios". Por ello, parece evidente que, en la fecha del contrato (3 de septiembre de 2018), esta norma no se encontraba vigente y que, como dice la impugnada, en el caso de que el contrato estuviese perfeccionado (cosa que no consta, al no figurar la firma de "D. Banco XXXXX"), sería de aplicación imperativa el arancel vigente R.D. 1373/2003, que no contemplaba pacto sobre la materia.

Tercero.— En cuanto a las costas procesales, este Letrado de la Administración de Justicia considera que no cabe condenar en costas en un procedimiento de jura de cuentas, puesto que no es preceptiva la intervención de Abogado y Procurador ni desde la parte que la presenta ni desde el cliente que la impugna. Sobre la imposibilidad de cobrar costas en el pro-

cedimiento de jura de cuentas se pronuncian las Audiencias Provinciales, que toman como referente remoto la sentencia del Tribunal Supremo de 1 de abril de 1903. No se está, por tanto, en la jura de cuentas en presencia de un "juicio" propiamente dicho ni se puede decir que los intervinientes en el expediente de jura de cuentas sean litigantes en sentido estricto. Lo que excluye la aplicación de los artículos 23 y 31 de la Ley de Enjuiciamiento Civil (la misma tesis se sostiene en las sentencias de las Audiencias Provinciales de Madrid, sección 14, de 28 de junio de 2005; de Las Palmas, sección 4.ª, de 1 de junio de 2004; de Cádiz, sección 2.ª, de 2 de diciembre de 2002 y de Almería, sección 3.ª, de 4 de marzo de 2005, entre otras muchas).

PARTE DISPOSITIVA

ACUERDO: 1.—Desestimar la impugnación formulada por XXXXXX, X., declarando debida la jura de cuentas de Procurador presentada.

2.—Líbrese testimonio de la presente al procedimiento principal E.T.N.J XXXXX y numérese como decreto definitivo en el Libro de Decretos de este Juzgado para resolver la presente pieza. 3.— No ha lugar a condena en costas por los fundamentos expuestos en el fundamento de derecho tercero de la presente resolución.

MODO DE IMPUGNACIÓN: La presente resolución no es firme, contra ella cabe RECURSO DE REVISION (STC 15/20 de 28/1/2020, actualmente ya previsto en el art. 454 bis LEC desde el R.D.Ley 6/2023).

(Elaborado sobre formulario de elaboración propia)

La Ley 15/2021 se propuso establecer un sistema de aranceles máximos, con una cuantía global máxima de 75.000 euros por un mismo asunto, actuación o proceso, eliminar los aranceles mínimos obligatorios e introducir la obligación de entregar un presupuesto previo a los clientes. Así, se estableció como cuantía máxima arancelaria la suma de 75.000 euros, suprimiendo el arancel mínimo.

El Real Decreto 307/2022, sin embargo, es anulado por la STS de 9 de abril de 2024 mencionada **(TOL9.979.171)** por el siguiente motivo: "*según reiterada doctrina jurisprudencial la manifiesta insuficiencia del análisis de impacto económico, incorporado a la Memoria del Análisis de Impacto Normativo (MAIN) del reglamento, provoca la declaración de la nulidad de pleno derecho de éste. Cabe, por tanto, que las normas reglamentarias sean nulas en aquellos casos en los que el análisis económico y presupuestario que acompaña a la decisión de que se trate resulte ser de todo punto insuficiente, de manera que no permita a la Memoria cumplir la importante finalidad que le es propia (motivar la necesidad y oportunidad de la norma, suministrar información relevante a la propia Administración y a sus destinatarios y facilitar, en su caso, el necesario control del ejercicio de la actividad)*".

Con la aprobación del RD 434/2024 de aclara el sistema: El art. 1. establece el carácter máximo del arancel y prohíbe el establecimiento de límites mínimos, fijándose una cuantía máxima por un asunto en sus diferentes instancias de 75.000 euros. Como menciona Martínez de Santos, la atribución de este carácter de máximos supone sustraer de la esfera de disposición del procurador la posibilidad de convenir aranceles superiores a los fijados con carácter general en atención a la cuantía del procedimiento, y específicamente respecto de las diferentes y diversas actuaciones procesales. Por lo que la cuantía global máxima (75.000 euros) opera como un techo máximo, cuando los derechos que resulten de la aplicación del arancel sean superiores a dicha cuantía global máxima.

Y, tal como recoge Martínez de Santos, constituye una auténtica novedad la previsión del art. 1.3 RD 434/2024 respecto a la libertad del Procurador y su cliente *para pactar la retribución de los servicios profesionales prestados por el primero en cantidad inferior a lo previsto en el arancel*, eliminando el incremento o una disminución de hasta 12 puntos porcentuales.

El RD establece en su art. 3 obligatoriedad de un presupuesto previo. Sin embargo, éste no se encuentra en la Ley 15/2021 y, en opinión de Martínez de Santos su previsión en una norma de carácter reglamentario podría vulnerar el sistema de jerarquía de fuentes.

Como consecuencia procesal que puede tener la existencia del presupuesto previo en la tasación de costas, para Martínez de Santos existen dos opciones: tasar costas según el arancel de máximos, o según lo realmente pagado, aunque que de la relación entre el art. 3 RD 434/2024 y la Disposición transitoria única.2 parece que la respuesta correcta sería la segunda.

Muy importante es la Disposición Transitoria Única, que establece que "*las disposiciones del real decreto se aplicarán a todos los* ***procedimientos que se inicien a partir de su entrada en vigor*** *y para los procedimientos en tramitación a la entrada en vigor, se aplicarán las* ***cuantías del nuevo arancel exclusivamente para las actuaciones que se inicien con posterioridad a la misma****, sin perjuicio de los acuerdos retributivos alcanzados entre el procurador y el cliente con anterioridad a la entrada en vigor del real decreto, respecto de las actuaciones iniciadas antes de dicha fecha*".

Parte IV

El incidente de impugnación por excesivas e indebidas. Tramitación y motivos más comunes

Comenzaremos este apartado incluyendo la redacción de la materia vigente hasta el 2 de abril de 2024 (pero que será de aplicación durante bastante tiempo todavía, pues se aplica a todos los procedimientos que se hayan iniciado con anterioridad a dicha fecha) y la de la nueva legislación fruto de la L.O. 1/2025.

LEC VIGENTE HASTA EL 2 DE ABRIL DE 2024:

Artículo 245. Impugnación de la tasación de costas.

1. La tasación de costas podrá ser impugnada dentro del plazo a que se refiere el apartado 1 del artículo anterior.

*2. La **impugnación** podrá basarse en que se han incluido en la tasación, partidas, derechos o gastos indebidos. Pero, en cuanto a los honorarios de los abogados, peritos o profesionales no sujetos a arancel, también podrá impugnarse la tasación alegando que el importe de dichos honorarios es **excesivo**.*

3. La parte favorecida por la condena en costas podrá impugnar la tasación por no haberse incluido en aquélla gastos debidamente justificados y reclamados.

También podrá fundar su reclamación en no haberse incluido la totalidad de la minuta de honorarios de su abogado, o de perito, profesional o funcionario no sujeto a arancel que hubiese actuado en el proceso a su instancia, o en no haber sido incluidos correctamente los derechos de su procurador.

*4. En el escrito de impugnación **habrán de mencionarse** las cuentas o minutas y las partidas concretas a que se refiera la discrepancia y las razo-*

nes de ésta. De no efectuarse dicha mención, el Letrado de la Administración de Justicia, mediante decreto, inadmitirá la impugnación a trámite. Frente a dicho decreto cabrá interponer únicamente recurso de reposición.

Artículo 246. Tramitación y decisión de la impugnación.

1. Si la tasación se ***impugnara por considerar excesivos*** *los honorarios de los abogados,* ***se oirá*** *en el plazo de cinco días al abogado de que se trate y,* ***si no aceptara*** *la reducción de honorarios que se le reclame, se pasará testimonio de los autos, o de la parte de ellos que resulte necesaria, al* ***Colegio de Abogados*** *para que emita informe.*

2. Lo establecido en el apartado anterior se aplicará igualmente respecto de la impugnación de honorarios de ***peritos****, pidiéndose en este caso el dictamen del Colegio, Asociación o Corporación profesional a que pertenezcan.*

3. El Letrado de la Administración de Justicia, a la vista de lo actuado y de los dictámenes emitidos, ***dictará decreto manteniendo*** *la tasación realizada o, en su caso,* ***introducirá las modificaciones*** *que estime oportunas.*

Si la impugnación fuere totalmente desestimada, se impondrán las ***costas*** *del incidente al impugnante. Si fuere total o parcialmente estimada, se impondrán al abogado o al perito cuyos honorarios se hubieran considerado excesivos.*

Contra dicho decreto ***cabe recurso de revisión****.*

Contra el auto resolviendo el recurso de revisión ***no cabe recurso alguno****.*

4. Cuando sea impugnada la tasación por haberse incluido en ella partidas de derechos u honorarios ***indebidas****, o por no haberse incluido en aquélla gastos debidamente justificados y reclamados, el Letrado de la Administración de Justicia* ***dará traslado a la otra parte por tres días*** *para que se pronuncie sobre la inclusión o exclusión de las partidas reclamadas.*

El Letrado de la Administración de Justicia ***resolverá*** *en los tres días siguientes mediante decreto. Frente a esta resolución podrá ser interpuesto* ***recurso directo de revisión*** *y contra el auto resolviendo el recurso de revisión* ***no cabe recurso*** *alguno.*

5. Cuando se alegue que alguna partida de honorarios de abogados o peritos incluida en la tasación de costas ***es indebida y que, en caso de no***

serlo, sería excesiva, se tramitarán ambas impugnaciones simultáneamente*, con arreglo a lo prevenido para cada una de ellas en los apartados anteriores, pero la resolución sobre si los honorarios son excesivos quedará* ***en suspenso*** *hasta que se decida sobre si la partida impugnada es o no debida.*

6. Cuando una de las partes sea titular del derecho a la ***asistencia jurídica gratuita, no se discutirá*** *ni se resolverá en el incidente de tasación de costas* ***cuestión alguna relativa a la obligación de la Administración*** *de asumir el pago de las cantidades que se le reclaman por aplicación de la Ley de Asistencia Jurídica Gratuita.*

TÍTULO VIII
De la buena fe procesal

Artículo 247. Respeto a las reglas de la buena fe procesal. Multas por su incumplimiento.

1. Los intervinientes en todo tipo de procesos deberán ajustarse en sus actuaciones a las reglas de la ***buena fe.***

2. Los tribunales rechazarán fundadamente las peticiones e incidentes que se formulen con manifiesto ***abuso de derecho o entrañen fraude de ley o procesal.***

3. Si los Tribunales estimaren que alguna de las partes ha actuado conculcando las reglas de la buena fe procesal, podrán imponerle, en pieza separada, mediante acuerdo motivado, y respetando el principio de proporcionalidad, ***una multa*** *que podrá oscilar de ciento ochenta a seis mil euros, sin que en ningún caso pueda superar la tercera parte de la cuantía del litigio.*

Para determinar la cuantía de la multa el Tribunal deberá tener en cuenta las circunstancias del hecho de que se trate, así como los perjuicios que al procedimiento o a la otra parte se hubieren podido causar.

En todo caso, por el Letrado de la Administración de Justicia se hará constar el hecho que motive la actuación correctora, las alegaciones del implicado y el acuerdo que se adopte por el Juez o la Sala.

4. Si los tribunales entendieren que la actuación contraria a las reglas de la buena fe podría ser imputable a alguno de los profesionales intervinientes en el proceso, sin perjuicio de lo dispuesto en el apartado anterior, ***darán traslado de tal circunstancia a los Colegios profesionales*** *respectivos por si pudiera proceder la imposición de algún tipo de sanción disciplinaria.*

5. Las sanciones impuestas al amparo de este artículo se someten al régimen de ***recursos*** *previstos en el Título V del Libro VII de la Ley Orgánica del Poder Judicial.*

NUEVA REDACCIÓN VIGENTE A PARTIR DEL 3 DE ABRIL DE 2025 (aplicable para los procedimientos que, desde el inicio de los mismos —demanda principal— se hayan presentado en Decanato o Servicio Común Procesal de Asuntos Generales a partir de dicha fecha).

Artículo 245. Impugnación de la tasación de costas y solicitud de exoneración o moderación de las mismas.

1. La tasación de costas podrá ser ***impugnada*** *dentro del plazo a que se refiere el apartado 1 del artículo anterior.*

2. La impugnación podrá basarse en que se han incluido en la tasación, partidas, derechos o gastos ***indebidos****. Pero, en cuanto a los honorarios de los abogados, las abogadas, peritos o profesionales no sujetos a arancel, también podrá impugnarse la tasación alegando que el importe de dichos honorarios es* ***excesivo.***

3. La parte favorecida por la condena en costas podrá impugnar la tasación por no haberse ***incluido*** *en aquélla gastos debidamente* ***justificados y reclamados.***

También podrá fundar su reclamación en ***no haberse incluido*** *la totalidad de la minuta de honorarios de su abogado, abogada, o de perito, profesional o personal funcionario no sujeto a arancel que hubiese actuado en el proceso a su instancia, o en no haber sido incluidos correctamente los derechos de su procurador.*

4. En el ***escrito de impugnación*** *habrán de mencionarse las cuentas o minutas y las partidas concretas a que se refiera la discrepancia y las razones de ésta. De no efectuarse dicha mención, el letrado o la letrada de la Administración de Justicia, mediante decreto, inadmitirá la impugnación a trámite. Frente a dicho decreto cabrá interponer recurso de revisión.*

5. Sin perjuicio de lo dispuesto en los apartados anteriores y en el mismo plazo, la ***parte condenada al pago de las costas podrá solicitar la exoneración de su pago o la moderación de su cuantía*** *cuando hubiera formulado una* ***propuesta*** *a la parte contraria en cualquiera de los* ***medios adecuados de solución de controversias*** *al que hubieran acudido, la misma* ***no hubiera sido aceptada*** *por la parte requerida y la resolución judicial que ponga término al procedimiento* ***sea sustancialmente coincidente con el contenido de dicha propuesta.***

Las mismas consecuencias tendrá el rechazo injustificado de la propuesta que hubiese formulado el ***tercero neutral****, cuando la sentencia recaída en el proceso sea sustancialmente coincidente con la citada propuesta.*

A la solicitud de exoneración o modificación ***deberá acompañar la documentación íntegra referida a la propuesta formulada,*** *que en este momento procesal y a estos efectos,* ***estará dispensada de confidencialidad****. De no acompañarse dicha documentación, el Letrado de la Administración de Justicia, mediante decreto, inadmitirá a trámite la solicitud. Frente a este decreto cabrá interponer* ***recurso*** *de revisión.*

Artículo 245 bis. Tramitación y decisión de la solicitud de exoneración o reducción.

1. Si tras la tasación la parte condenada al pago de las costas hubiera solicitado su ***exoneración o la moderación*** *de su cuantía de acuerdo con lo dispuesto en el artículo 245.5, el letrado o la letrada de la Administración de Justicia* ***dará traslado a la otra parte por tres días*** *para que se pronuncie sobre dicha solicitud.*

2. En el caso de que la parte favorecida por la condena en costas ***aceptase la exoneración o la reducción*** *solicitada de contrario, se procederá por el letrado o la letrada de la Administración de Justicia a dictar decreto fijando, en su caso, la cantidad debida en los términos de la solicitud. Se entenderá que presta su conformidad a la solicitud si deja pasar el plazo sin evacuar el traslado.*

Contra este decreto cabrá interponer ***recurso de revisión.***

3. En el caso de que la parte favorecida por la condena en costas ***no aceptase la exoneración o la reducción*** *solicitada de contrario, se resolve-*

rá ***por el tribunal*** *si son o no procedentes en la cuantía tasada, mediante auto sin condena en costas. Si se considerara procedente una reducción, el auto deberá indicar el porcentaje concreto y las partidas objeto de la misma.*

Contra este auto cabrá ***interponer recurso de reposición****.*

4. Una vez firme la resolución que hubiera denegado la exoneración o la reducción, así como la que hubiera reducido la cuantía de las costas, ***se procederá, en su caso, a tramitar la impugnación de la tasación de costas por excesivas o indebidas*** *de acuerdo con lo previsto en el artículo siguiente.*

Artículo 246. Tramitación y decisión de la impugnación.

1. Si la tasación ***se impugnara por considerar excesivos los honorarios de los abogados o las abogadas,*** <u>***se oirá***</u> *en el plazo de cinco días al abogado o abogada de que se trate y, si no aceptara la reducción de honorarios que se le reclame, se pasará testimonio de los autos, o de la parte de ellos que resulte necesaria, al* <u>***Colegio de Abogados***</u> *para que emita informe.* ***No será necesario en el ámbito del artículo 438 bis*** *cuando ya se haya emitido informe previamente, salvo que resulte justificado por la concurrencia de circunstancias diversas de las tenidas en cuenta por el Colegio de abogados para la elaboración del informe previo.*

2. Lo establecido en el apartado anterior se aplicará igualmente respecto de la impugnación de honorarios de ***peritos****, pidiéndose en este caso el dictamen del Colegio, Asociación o Corporación profesional a que pertenezcan.*

3. El letrado o letrada de la Administración de Justicia, a la vista de lo actuado y de los dictámenes emitidos, dictará decreto ***manteniendo*** *la tasación realizada o, en su caso,* ***introducirá las modificaciones*** *que estime oportunas.*

4. Cuando sea ***impugnada la tasación por haberse incluido*** *en ella partidas de derechos u honorarios indebidas, o* ***por no haberse incluido*** *en aquélla gastos debidamente justificados y reclamados, el letrado o letrada de la Administración de Justicia dará traslado a la otra parte por* ***tres días*** *para que se pronuncie sobre la inclusión o exclusión de las partidas reclamadas.*

El letrado o letrada de la Administración de Justicia resolverá en los tres días siguientes mediante decreto. Frente a esta resolución podrá ser interpuesto ***recurso directo de revisión*** *y contra el auto resolviendo el recurso de revisión* ***no cabe recurso*** *alguno.*

Si la impugnación referida en el apartado 1 o en este apartado fuere ***totalmente desestimada****,* ***se impondrán las costas*** *del incidente a la parte impugnante si hubiera obrado con abuso del servicio público de Justicia, o al profesional que impugnó la tasación para que se incluyeran gastos que consideraba debidamente justificados o reclamados.* ***Si fuere total o parcialmente estimada****, se impondrán, también en el caso de que hubiera obrado con abuso del servicio público de Justicia, al perito o la parte a la que defienda el abogado o abogada cuyos honorarios se hubieran considerado excesivos o indebidos.*

Contra dichos decretos ***cabe recurso de revisión****.*

Contra el auto resolviendo el recurso de revisión no cabe recurso alguno.

5. Cuando se alegue que alguna partida de honorarios de abogados o peritos incluida en la tasación de costas es indebida y que, en caso de no serlo, sería excesiva, ***se tramitarán ambas impugnaciones simultáneamente****, con arreglo a lo prevenido para cada una de ellas en los apartados anteriores, pero la resolución sobre si los honorarios* ***son excesivos quedará en suspenso*** *hasta que se decida sobre si la partida impugnada es o no debida.*

6. Cuando una de las partes sea titular del derecho a la ***asistencia jurídica gratuita****, no se discutirá ni se resolverá en el incidente de tasación de costas cuestión alguna relativa a la obligación de la Administración de asumir el pago de las cantidades que se le reclaman por aplicación de la Ley de Asistencia Jurídica Gratuita.*

TÍTULO VIII

De la buena fe procesal

Artículo 247. Respeto a las reglas de la buena fe procesal. Multas por su incumplimiento.

1. Los intervinientes en todo tipo de procesos deberán ajustarse en sus actuaciones a las reglas de la ***buena fe****.*

2. Los tribunales rechazarán fundadamente las peticiones e incidentes que se formulen con manifiesto ***abuso de derecho*** *o entrañen* ***fraude de ley o procesal.***

3. Si los tribunales estimaren que alguna de las partes ha actuado conculcando las reglas de la ***buena fe procesal o con abuso del servicio público de Justicia****, podrán imponerle, en pieza separada, mediante acuerdo motivado y respetando el principio de proporcionalidad, una* ***multa*** *que podrá oscilar de ciento ochenta a seis mil euros, sin que en ningún caso pueda superar la tercera parte de la cuantía del litigio.*

Para determinar la cuantía de la multa el tribunal deberá tener en cuenta las circunstancias del hecho de que se trate, los perjuicios que, al procedimiento, a la otra parte o a la Administración de Justicia se hubieren podido causar, la capacidad económica del infractor, así como la reiteración en la conducta.

En todo caso, por el letrado o letrada de la Administración de Justicia ***se hará constar*** *el hecho que motive la actuación correctora, las alegaciones del implicado y el acuerdo que se adopte por el tribunal.*

4. Si ***los tribunales entendieren*** *que la actuación contraria a las reglas de la buena fe o con abuso del servicio público de Justicia podría ser imputable a alguno de* ***los profesionales intervinientes*** *en el proceso, sin perjuicio de lo dispuesto en el apartado anterior,* ***darán traslado de tal circunstancia a los colegios profesionales*** *respectivos por si pudiera proceder la imposición de algún tipo de sanción disciplinaria. En los casos en los que tal actuación se produzca en el ámbito de un proceso en el que la parte litigase con el beneficio de justicia gratuita, tal comunicación se remitirá también a la Comisión de Asistencia Jurídica Gratuita correspondiente.*

5. Las sanciones impuestas al amparo de este artículo se someten al régimen de recursos previstos en el Título V del Libro VII de la Ley Orgánica del Poder Judicial.

1. POR INDEBIDAS Y MIXTO

En numerosas ocasiones se presenta la impugnación no sólo por indebidas sino también por excesivas, lo que obliga a tramitar el incidente que denominaremos "mixto", del art. 246.5. Se abrirá pieza en el Juzgado. Primero se resolverá por indebidos y después por excesivos. La resolución de indebidos no dará lugar a Decreto final, sino que lo será la que finalmente resuelva los indebidos. Se cree innecesario abrir dos piezas distintas ya que el incidente es conjunto.

He aquí un formulario por indebidas en el seno de una impugnación mixta (es decir, por indebidas y excesivas), en la que primero se resuelve la de indebidas y, posteriormente -y de modo definitivo- la de excesivas:

F.9 MODELO DE DECRETO RESOLVIENDO UNA IMPUGNACIÓN DE TASACIÓN DE COSTAS POR INDEBIDAS POR HABERSE INCLUIDO EL INFORME PERICIAL, QUE SEGÚN LA PARTE IMPUGNANTE FUE INÚTIL PARA LA RESOLUCIÓN DEL PLEITO

Normativa aplicable: *arts. 246.4 y 336 de la Ley 1/2000, de 7 de enero, de Enjuiciamiento Civil (LEC).*

Supuesto de hecho: *Se dicta decreto resolviendo el incidente de impugnación de tasación de costas por indebidas en relación a la inclusión de los honorarios de un perito que, según la parte impugnante, emitió un informe que en nada influyó en el resultado del pleito.*

JUZGADO DE PRIMERA INSTANCIA E INSTRUCCION NUMERO X DE Y

DECRETO

Sr. Letrado de la Administración de Justicia: D. X

En Y, a X de Y de Z

ANTECEDENTES DE HECHO

Único.— Por la defensa y representación de XXXXXX se impugnó la tasación de costas practicada en el presente proceso en fecha XX de YY, alegando que era excesiva (cuestión que se resolverá posteriormente después de los trámites que correspondan) e indebida en cuanto a la impertinencia de la inclusión del coste del dictamen pericial en la tasación de costas; confiriéndose traslado a la otra parte por tres días sobre la partida indebida para que efectuara alegaciones, con el resultado que obra en autos.

FUNDAMENTOS DE DERECHO

Primero.— Dispone el artículo 246.4 de la L.E.C., que cuando sea impugnada la tasación por haberse incluido en ella partidas de derechos u honorarios indebidas, o por no haberse incluido en aquélla gastos debidamente justificados y reclamados, el Letrado de la Administración de Justicia dará traslado a la otra parte por tres días para que se pronuncie sobre la inclusión o exclusión de las partidas reclamadas. El Letrado de la Administración de Justicia resolverá en los tres días siguientes mediante decreto.

Segundo.— En el presente caso no es posible acoger las tesis de la parte impugnante y no cabe más que asumir las de la parte impugnada. El artículo 336 LEC dice que "Los dictámenes de que los litigantes dispongan, elaborados por peritos por ellos designados, y que estimen necesarios o convenientes para la defensa de sus derechos, habrán de aportarlos con la demanda o con la contestación, sin perjuicio de lo dispuesto en el artículo 337". Como bien expone la parte impugnada, entre las pruebas admitidas en la Audiencia Previa se encontraba la documental que incluía la pericial acompañada, y una vez que sirvió, seguramente de manera fundamental, para preparar la demanda adecuadamente y que la sentencia fue finalmente estimatoria —dada la complejidad de la materia económica que se trataba—, no se puede considerar en ningún caso como superflua: la parte actora se pudo sostener en ella decisivamente para llevar a buen puerto su pretensión; únicamente no cabría incluirla si no hubiese sido admitida. Por ello, tampoco se puede considerar que S.S.ª la Magistrada no haya tenido en cuenta dicho informe para dictar sentencia, con independencia de la fundamentación básicamente jurisprudencial que expone. Por otra parte, también debe decaer el argumento de que la carga y de trabajo del informe pericial no se corresponde con los honorarios tasados, siendo indiferente que la mayor parte del informe se aproveche o no para otros asuntos del mismo tipo, habiendo la parte aportado la correspondiente factura por un importe que, dada la cuantía del asunto, se puede considerar como adecuado.

Tercero.— Este Letrado de la Administración de Justicia considera debida, pues, la inclusión del dictamen pericial en la tasación de costas y su importe. Pero hay que continuar con el trámite por excesivos en cuanto a la minuta de letrado, en base al artículo 246.1 LEC, puesto que así lo exige el artículo 246.5 LEC. El apartado primero del artículo 246 establece que "si la tasación se impugnara por considerar excesivos los honorarios de los Abogados, se oirá en el plazo de cinco días al Abogado de que se trate y, si no aceptara la reducción de honorarios que se le reclame, se pasará testimonio de los autos, o de la parte de ellos que resulte necesaria, al Colegio de Abogados para que emita informe". En el presente caso, en las alegaciones efectuadas por el Sr. XXXXX en su escrito, se opone a moderar la minuta, pues considera que no hay motivo para ello. Se da por realizado, pues el trámite de audiencia al letrado que menciona el artículo reseñado. Por tanto, no cabe más que pasar testimonio de la parte de los autos necesarios en orden a que el Ilustre Colegio de Abogados de Madrid emita el informe correspondiente. Y una vez recibido el mismo, en base al art. 246.3 LEC, este Letrado de la Administración de Justicia resolverá sobre este particular.

Cuarto.— Mientras no se resuelva definitivamente la impugnación sobre indebidas y excesivas, no se hará pronunciamiento sobre costas del presente incidente.

PARTE DISPOSITIVA

1. *Desestimar la impugnación formulada por la defensa y la representación de XXXXXX., contra la tasación de costas practicada en el presente proceso en fecha XXXXXX, que se confirma en su integridad, sin perjuicio de lo que resulte en la impugnación por excesivas.*

2. *Declarar debidas todas las partidas que la misma comprende, sin perjuicio de lo que resulte en la impugnación por excesivas.*

3. *Hágase testimonio de los particulares relativos a las actuaciones del presente procedimiento y remítase el mismo al Ilustre Colegio de Abogados de Madrid para que resuelva sobre la impugnación por excesivas planteada por la defensa y representación de XXXXXXX*

4. *No ha lugar a pronunciamiento sobre costas en este momento procesal hasta la resolución definitiva del incidente de impugnación.*

MODO DE IMPUGNACIÓN: recurso de revisión en el plazo de cinco días ante el Letrado de la Administración de Justicia que lo dicta.

(Elaborado sobre formulario de elaboración propia)

En el siguiente formulario se resuelve de forma definitiva (Decreto final, numerado, que resuelve el incidente de impugnación) una impugnación mixta (por indebidas y excesivas). La impugnación por excesivas se resuelve directamente, sin informe del Colegio de la Abogacía, puesto que el Letrado impugnado acepta subsidiariamente la cuantía de la impugnación, que finalmente se acoge.

F.10 MODELO DE DECRETO RESOLVIENDO UNA IMPUGNACIÓN DE TASACIÓN DE COSTAS POR INDEBIDAS POR HABERSE INCLUIDO EL ART. 5.1 DEL ARANCEL DE LOS PROCURADORES DEL RD 1373/2003 (ACTUAL ART. 8.1. DEL ARANCEL DEL RD 434/2024); Y UNA IMPUGNACIÓN POR EXCESIVAS POR TASAR POR CUANTÍA INDETERMINADA

Normativa aplicable: *art. 246.4 y 246.5 de la Ley 1/2000, de 7 de enero, de Enjuiciamiento Civil (LEC). Art. 5.1. del Arancel de los Procuradores RD 1373/2003 (Actual Art. 8.1 del Arancel de la Procura RD 434/2024).*

Supuesto de hecho: *Se dicta decreto resolviendo el incidente de impugnación de tasación de costas por indebidas en relación a la inclusión de la partida del art. 5.1 del Arancel de 2003 sobre el propio concepto de solicitud de tasación de costas; y también sobre el incidente de impugnación por excesivas por haber minutado sobre cuantía indeterminada según los Criterios.*

JUZGADO DE PRIMERA INSTANCIA E INSTRUCCION NUMERO X DE Y

DECRETO

Sr. Letrado de la Administración de Justicia: D. X

En Alcorcón, a X de Y

ANTECEDENTES DE HECHO

Único.— Por la defensa y representación de XXXXX., se impugnó por indebidas la tasación de costas practicada en el presente proceso Ordinario YY/ZZ en fecha XX de YY, con las alegaciones que constan en su escrito respecto a los honorarios del letrado y los derechos de Procurador. Se confirió traslado a dicha parte por tres días para que efectuara alegaciones sobre la reducción reclamada, habiendo contestado y "aceptado" la reducción propuesta de contrario.

FUNDAMENTOS DE DERECHO

Primero.— Dispone el artículo 246.4 de la L.E.C. que, cuando sea impugnada la tasación por haberse incluido en ella partidas de derechos u honorarios indebidas, o por no haberse incluido en aquélla gastos debidamente justificados y reclamados, el Letrado de la Administración de Justicia dará traslado a la otra parte por tres días para que se pronuncie sobre la inclusión o exclusión de las partidas reclamadas. El Letrado de la Administración de Justicia resolverá en los tres días siguientes mediante decreto. Frente a esta resolución podrá ser interpuesto recurso directo de revisión y contra el auto resolviendo el recurso de revisión no cabe recurso alguno. De acuerdo con el art. 246.5 LEC, Cuando se alegue que alguna partida de honorarios de abogados o peritos incluida en la tasación de costas es indebida y que, en caso de no serlo, sería excesiva, se tramitarán ambas impugnaciones simultáneamente, con arreglo a lo prevenido para cada una de ellas en los apartados anteriores, pero la resolución sobre si los honorarios son excesivos quedará en suspenso hasta que se decida sobre si la partida impugnada es o no debida.

Segundo.— En el presente caso una vez aceptada la reducción por la parte impugnada Sr. XXXXX, no cabe más que aprobar la reducción con aplicación de los Criterios del Ilustre Colegio de Abogados de Madrid (que no de XXXX, pues el juicio se ha desarrollado en Alcorcón, siendo aplicables dichos Criterios) quedando fijada su minuta en 2.464 euros más IVA, lo que hace un total de 2.981,44 euros, teniendo en cuenta que la cuantía es indeterminada según decreto firme de admisión de la demanda de XX de YY. Esta cuantía de la demanda es la fijada en el pleito y no fue atacada en su momento, por lo que debe servir de base para la práctica de la tasación. Sobre las alegaciones de la impugnante relativas al carácter repetitivo de las demandas presentadas contra los Bancos y al cuestionado "esfuerzo, dedicación y estudio" hay que reseñar que cada demanda ha de ser considerada de manera individual y que el esfuerzo y dedicación del letrado no ha de ser valorado por el hecho de que presente muchas demandas de una clase o pocas. En estos casos la entidad bancaria se enfrenta a "pleitos masa" que acaban también masivamente en derrota para sus intereses (de hecho intenta allanarse a la mayoría de las demandas y también utiliza argumentos "tipo"), pero tal argumento no puede ser tomado en cuenta para entender que el letrado adverso, por dicho motivo, realiza una actividad intelectual carente de valoración. Como dice la sentencia de la Audiencia Provincial de Málaga de 31 de marzo de 2014 "los honorarios del Sr. Letrado se fijan no sólo en atención al tiempo de dedicación prestado al estudio del asunto, asesoramiento legal y redacción final del contrato, sino que de manera muy principal se valora la responsabilidad que se asume por tal asesoramiento prestado y que es lógicamente proporcional a la cuantía económica del contrato y al posible perjuicio que una deficiente labor profesional podría causar". De todos modos, como en el presente caso, la impugnación incluye como petición subsidiaria la reducción que finalmente ha aceptado el letrado impugnado por aplicación del Criterio del ICAM sin fase probatoria, no es necesario continuar con los trámites de impugnación por excesivas, de acuerdo con el art. 246.5 LEC.

Tercero.— En cuanto a la impugnación por indebidos de los derechos del Procurador, en concreto, la partida del art. 5.1 del Arancel (solicitud de tasación de costas); a pesar de que el Procurador Sr. XXXXXX no consta que haya contestado a la impugnación, ha de mantenerse su inclusión por tratarse de un derecho que se devenga con la propia petición de tasación y que se incluye de manera unánimemente generalizada por todos los Procuradores de este país. Una vez se incluyen en interés del cliente favorecido y otras en contra, pero este Letrado de la Administración de Justicia no conoce en su ya respetable experiencia profesional, tasación en la que un Procurador no haya incluido esta partida, porque, entre otras cosas, es absolutamente lógico que se incluya. Se trata de una actuación necesaria, en ningún caso puede considerarse como superflua (art. 243.2 LEC) y los argumentos jurisprudenciales que son partidarios de su exclusión no son compartidos ni por este Letrado de la Administración de Justicia ni por (se ve) la inmensa mayoría de los profesionales de la Procuraduría. De hecho, la Consulta n.º 115 resuelta por la Comisión de Aranceles del CGPE resuelve que "es totalmente procedente dicha inclusión". Y en cuanto a la idea de que se devenga con posterioridad al título que sirve de base a la tasación, no tendría sentido tener que pedir una nueva tasación de costas después de la práctica de la misma exclusivamente para solicitar este derecho cuando se puede realizar desde este momento y quedar la tasación definitivamente aprobada. Es decir, la tasación se pide porque hay un título que habilita para ello (en este caso la sentencia firme de este Juzgado de XXXXXX), y tiene que ir indisolublemente unida al mismo. Por tanto, sorprende ver en algunos casos este tipo de impugnaciones cuando en cualquier momento el Procurador de la parte que impugna puede encontrarse con una impugnación en su contra. En estos casos, siendo tan generalizada su inclusión por todos los Procuradores (y con razón), este tipo de impugnaciones no pueden prosperar.

Cuarto.— En materia de costas, no ha lugar a imponérselas a ninguna de las partes, al haberse aceptado la reducción, no oponiéndose la parte contraria (se planteó como petición subsidiaria).

PARTE DISPOSITIVA

ACUERDO:

1. *Estimar la impugnación por excesivas formulada por la defensa y la representación de XXXXX contra la tasación de costas en el presente proceso en fecha XX de XX.*
2. *Desestimar la impugnación por indebidas respecto a la nota de derechos del Procurador, por los motivos expuestos en el fundamento jurídico tercero de la presente resolución.*
3. *La tasación practicada el YY de YY se modifica en el siguiente sentido: "TOTAL TASACIÓN: 3.331,48 euros. Importa la presente tasación la cantidad de TRES MIL TRESCIENTOS TREINTA Y ÚN EUROS CON CUARENTA Y OCHO CÉNTIMOS".*
4. *Líbrese testimonio del presente decreto con destino a la pieza principal del presente procedimiento.*

5. *No ha lugar condena en costas a ninguna de las partes, por los motivos expuestos en el fundamento de derecho cuarto de la presente resolución.*

6. *De la presente resolución, llévese el original al libro de decretos de este Juzgado, dejándose testimonio del mismo en autos.*

MODO DE IMPUGNACIÓN: recurso de revisión en el plazo de cinco días ante el Secretario que lo dicta. INFORMACION SOBRE EL DEPÓSITO PARA RECURRIR De conformidad con la D.A. 15.ª de la LOPJ, para que sea admitido a trámite el recurso de revisión contra esta resolución deberá constituir un depósito de 25 €, que le será devuelto sólo en el caso de que el recurso sea estimado. Así lo acuerdo y firmo. Doy fe. EL LETRADO DE LA ADMINISTRACIÓN DE JUSTICIA

(Elaborado sobre formulario de elaboración propia)

En cuanto a la desestimación por indebidas de la partida del art. 5.1 del arancel de 2003 hay que tener en cuenta el ATS de 15 de abril de 2011 **(TOL2.304.519)**, que recoge la polémica jurisprudencial y considerando que el ATS de 1 de junio de 2010 **(TOL3.462.482)**, entre otros, admite la inclusión en la tasación de costas de la partida relativa a la solicitud de tasación como derecho del Procurador.

2. POR EXCESIVAS. EL INFORME DE LOS COLEGIOS DE LA ABOGACÍA

Recoge Martínez de Santos la doctrina del Tribunal Supremo en cuanto que el incidente de impugnación de tasación de costas "no tiene por objeto fijar la cuantía del pleito" sino que su objetivo es la de ser un cauce de liquidación de cantidades ilíquidas en el que no pueden alterarse las bases de cálculo —la cuantía— que pertenecen a una fase del proceso definitivamente cerrada (ATS Sala 1.ª de 22-12-2020 **—TOL8.251.468—)**.

Por otra parte, de acuerdo con el ATS de 28 de enero de 2014 **(TOL4.935.875)**, no se debe producir condena en costas en el trámite de impugnación por excesivas cuando la cantidad minutada, aunque sea excesiva, resulte conforme entienda el Colegio de la Abogacía. Además, no se pueden cargar los derechos colegiales a ninguna de las partes por la mera emisión del dictamen, puesto que es una obligación impuesta por Ley, en definitiva, un trámite preceptivo para que el órgano jurisdiccional pueda pronunciarse con mayor conocimiento.

En el siguiente formulario se recoge una resolución final del incidente de impugnación por excesivas, en el que el Letrado de la Administración de Justicia acoge las tesis del Colegio de la Abogacía.

F.11 MODELO DE DECRETO RESOLVIENDO UNA IMPUGNACIÓN DE TASACIÓN DE COSTAS POR EXCESIVAS POR HABERSE TASADO SOBRE UNA CUANTÍA QUE NO CORRESPONDE CON LA REAL DEL PLEITO Y TENIENDO EN CUENTA EL ESFUERZO REALIZADO Y LA COMPLEJIDAD

Normativa aplicable: *art. 246 de la Ley 1/2000, de 7 de enero, de Enjuiciamiento Civil (LEC).*

Supuesto de hecho: *Se dicta decreto resolviendo el incidente de impugnación de tasación de costas excesivas en el que se impugna la minuta del letrado por no adecuarse a la cuantía real del pleito y no haber tenido en cuenta el efectivo esfuerzo realizado y la complejidad.*

JUZGADO DE PRIMERA INSTANCIA E INSTRUCCION NUMERO X de Z

DECRETO

Sr. Letrado de la Administración de Justicia: D. X

En X, a Y de Z

ANTECEDENTES DE HECHO

Único.— Por la defensa y representación de D.ª XXXX se impugnó POR EXCESIVAS la tasación de costas practicada en el presente proceso en fecha XX de XX, alegando que se había practicado la misma en base a que existe una cuantía concreta del pleito y se debe aplicar debidamente la escala del Criterio 15 a) 3 del ICAM.

FUNDAMENTOS DE DERECHO

Primero.— Dispone el artículo 246.1 de la L.E.C. que, si la tasación se impugnara por considerar excesivos los honorarios de los abogados, se oirá en el plazo de cinco días al abogado que se trate y, si no aceptara la reducción de honorarios que se le reclame, se pasará testimonio de los autos, o de la parte de ellos que resulte necesaria, al Colegio de Abogados para que emita informe. En el apartado 3 del mencionado artículo se establece que el Secretario Judicial, a la vista de lo actuado y de los dictámenes emitidos, dictará decreto manteniendo la tasación realizada o, en su caso, introducirá las modificaciones oportunas.

Segundo.— En el presente caso, la parte impugnante entiende que la tasación debe ascender 875 euros más IVA.

Tercero.— Una vez no aceptada la reducción por el letrado minutante, el Ilustre Colegio de Abogados de Madrid emitió dictamen fechado a XX de XX, con entrada en este Juzgado el ZZ de ZZ. Este Letrado de la Administración de Justicia comparte plenamente los Criterios expresados por el dictamen del Ilustre Colegio de Abogados de Madrid. Ciertamente, es de aplicación el Criterio 15.a 3), pero el Colegio de Abogados teniendo en cuenta la cuantía del asunto y factores concurrentes como la complejidad y trabajo profesional considera que 1.000 euros (más IVA) es una cuantía adecuada para el asunto (Total, 1.210 euros). Fundamentalmente teniendo en cuenta que el Criterio aplicado hace referencia a la aplicación del 50% de la Escala sobre la cantidad que se despachó ejecución y que la decisión del ICAM analizando todos los elementos del presente caso (a los que alude el impugnado en interpretación del Criterio aludido), lleva a la conclusión antedicha en su informe.

Cuarto.— En materia de costas, se considera que no se ha de condenar a ninguna de las partes, al haberse estimado parcialmente la impugnación.

PARTE DISPOSITIVA

ACUERDO:

1. *Estimar parcialmente la impugnación por excesivas formulada por la defensa y la representación de XXXX contra la tasación de costas practicada en el presente proceso en fecha XX de YY, por los*

motivos expuestos en el fundamento de derecho tercero de la presente resolución.

2. *La tasación se modifica en cuanto que debe quedar del siguiente modo: "TOTAL TASACIÓN: 1.433,91 euros. Importa la presente tasación la cantidad de MIL CUATROCIENTOS TREINTA Y TRES EUROS CON NOVENTA Y ÚN CÉNTIMOS (INCLUYENDO MINUTA DE LETRADO Y DERECHOS DE PROCURADOR)*
3. *Líbrese testimonio del presente decreto con destino al procedimiento principal XXXX.*
4. *No hay condena en costas por el presente incidente de acuerdo con el fundamento de derecho cuarto de la presente resolución.*
5. *De la presente resolución, llévese el original al libro de decretos de este Juzgado, dejándose testimonio del mismo en autos. MODO DE IMPUGNACIÓN: recurso de revisión en el plazo de cinco días ante el Letrado de la Administración de Justicia que lo dicta.*

(Elaborado sobre formulario de elaboración propia)

Como se ha ido comentando a lo largo de estas páginas, uno de los caballos de batalla de las impugnaciones actualmente gira en torno a la valoración de la cuantía del proceso.

Como expone Blázquez Martín, en el caso que resuelve la STS 1213/2023 **(TOL9.662.596)**, el prestatario demandante y recurrente sostenía que, si se declaraba la abusividad de las cláusulas predispuestas, la fijación por el Juzgado de la cuantía del procedimiento como indeterminada vulneraba el derecho del consumidor a quedar indemne y a obtener una reparación completa de los daños causados por las cláusulas abusivas. Y ello porque su repercusión en la fijación del importe de las costas a cuyo pago resulta condenada la entidad predisponente no sería total. La sentencia no acoge dicha tesis y se basa en la sentencia del TJUE de 7 de abril de 2022, asunto C-385/20 **(TOL8.902.980)**, que estableció que, en principio, no es contrario al principio de efectividad de la Directiva 93/13/CE que el litigante vencido no reembolse al consumidor que ha visto estimadas sus pretensiones la totalidad de los honorarios de abogado que ha satisfecho. Así, "*una regulación procesal que* ***entrañe costes demasiado elevados para el consumidor podría disuadirle*** *de ejercitar una acción judicial, debido a los gastos que esta implicase en relación con el importe de la deuda controvertida, o de intervenir de forma útil en la defensa de sus derechos, si ocupa la parte procesal del demandado, y, por esa razón, las costas procesales cuyo reembolso debe poder exigir del litigante vencido el consumidor que ha visto estimadas sus pretensiones han de ser de un importe suficiente respecto del coste total del procedimiento judicial, a fin de no disuadir al consumidor de solicitar la protección jurídica que le confiere la Directiva 93/13*».

Por tanto, "*si los Estados miembros establecen en el ejercicio de su autonomía procesal, un régimen de reembolso de los honorarios de abogado que contenga una limitación en cuanto al importe que el profesional condenado en costas debe abonar, como es el caso de nuestro ordenamiento procesal, será necesario que ese límite permita que se reembolse al consumidor un importe de los gastos soportados que sea razonable y proporcionado al coste de un procedimiento judicial relativo al carácter abusivo de una cláusula contractual*".

De este modo y, siguiendo a Blázquez Martín, los requisitos exigidos por la jurisprudencia comunitaria se cumplen si se atienden a las siguientes razones: 1) Si la cuantía ha sido calificada como inestimable o como indeterminada, en contra de la propuesta del consumidor de fijar una concreta cuantía, el límite de la tercera parte de la cuantía del procedimiento que establece el art. 394.3 LEC como límite máximo de los honorarios del abogado que pueden incluirse en la tasación de las costas que debe pagar el litigante vencido, se calcula en principio sobre 18.000 euros (24.000, con la L.O. 1/2025), por lo que la limitación de la minuta que el Abogado tiene derecho a incluir en la tasación de costas es de 6.000 euros (8.000, con la L.O. 1/2025), cantidad considerada razonable para las exigencias del TJUE (tratándose además de asuntos propios de la litigación en masa en los que la repetición de litigios muy similares "*hace disminuir la complejidad del litigio y facilita la actuación de los abogados de los litigantes*").

2) Por otra parte, hay que tener en cuenta que, el art. 394.3 permite una modulación de dicho límite y habilita un incremento de la minuta del Abogado, en casos excepcionales, ya que puede ser modificada al alza por el tribunal "en razón de la complejidad del asunto".

3) Para Blázquez Martín, los criterios a aplicar en la determinación de la minuta del Abogado que ha de pagar el litigante vencido "*son siempre de ida y vuelta, de anverso y reverso*": si es el consumidor quien soporta la condena en costas, la tesis del necesario incremento de la minuta del Abogado que puede incluirse en la tasación de costas se volvería en contra del consumidor, ya que supondría para él un importante desembolso económico, lo que podría constituir un riesgo que le disuadiera de litigar, como evidentemente matiza la autora.

Así, el Tribunal Supremo consideró que, en el caso enjuiciado, la cuantía había sido correctamente calificada como indeterminada: "*de acuerdo con los arts. 255.2 y 253.3 LEC, debemos confirmar que la cuantía del procedimiento era indeterminada, dado el propio tenor del suplico de la demanda y la indefinición de los pedimentos de la parte actora, habiéndose resuelto con plena contradicción entre las partes y sin atisbo de indefensión*". (STS de 27 de octubre de 2023 **—TOL9.763.881—).**

En esta línea se recogen actuaciones de Letrados de la Administración de Justicia que confirman las minutas de Abogados y no proceden a su reducción, incluso frente al Criterio de los Colegios de la Abogacía.

En el digital *Confilegal* (9 de noviembre de 2023) se recogió el caso de un Letrado de la Administración de Justicia de Vigo que, en contra del Ilustre Colegio de la Abogacía de Vigo, mantuvo intacta la minuta inicial del Abogado y condenó en costas al Banco.

Así, la parte vencedora tasó las costas en un total de 2.502,63 euros, pero fueron impugnadas por el banco respecto a los honorarios del letrado, "*por considerar orientativos los criterios de los Colegios de Abogados, no cuantitativos*".

Entre los motivos de la impugnación por excesivas se encontraba, según la asistencia letrada del Banco impugnante que "*la reclamación era limitada a la nulidad de las cláusulas de gastos, y de cuantía concreta de 748,53 euros, el carácter masivo de las reclamaciones, y la escasa complejidad técnica*", considerando igualmente "*que el trabajo realizado por el abogado minutante puede ser estandarizado*".

El Letrado de los consumidores rechazó la reducción que pedía el Banco, por lo que se dio traslado al Colegio de la Abogacía de Vigo, que emitió su informe. Y el Abogado destacó en su escrito —en la línea de los formularios que se han incluido anteriormente, en opinión que básicamente se comparte— que la existencia de este procedimiento y de otros que se producen de modo masivo, responden a "*actitudes o comportamientos de las entidades financieras, que masivamente provocan acudir a los tribunales habiéndose ofrecido la posibilidad de arreglo, ya que las posturas de los tribunales son actualmente claras y conocidas*".

Así las cosas, el Ilustre Colegio de la Abogacía de Vigo consideró "excesiva" la minuta impugnada, al haber "*tenido en cuenta la complejidad procesal y material del asunto, el allanamiento total de la demandada, el trabajo efectivamente realizado y el interés económico real del cliente de 748,35 euros*". Y el Colegio fijó como razonable o no excesiva una minuta de 840,00 euros más IVA, mientras que el Banco se limitó a pedir que se redujera, pues la minuta girada por el Abogado de los consumidores resultaba el doble de lo que "iba a obtener el cliente".

A modo de ejemplo, se incluirá seguidamente un formulario con un modelo de dictamen de Colegio de la Abogacía, que podría haber sido similar al que es objeto de comentario en estas páginas, si bien referido a una Ejecución. En el caso planteado, la ejecución se había cumplido tempranamente, al consignar el ejecutado la cantidad sin haber dado lugar a apremio ni oposición. Por ello, el Colegio estima que sí hay que moderar la cantidad por la que minuta el Abogado, pues esas circunstancias hay que tenerlas muy en cuenta. En el supuesto que nos ocupa los argumentos del Colegio sobre la "complejidad" y "el trabajo efectivamente realizado" son muy similares, respetando siempre la labor del Letrado que, según la Corporación, "no debe merecer ningún demérito".

F.12 MODELO DE DICTAMEN DEL COLEGIO DE LA ABOGACÍA ANTERIOR A LA RESOLUCIÓN DEFINITIVA DE UNA IMPUGNACIÓN DE TASACIÓN DE COSTAS POR EXCESIVAS

Normativa aplicable: *art. 246.1 de la Ley 1/2000, de 7 de enero, de Enjuiciamiento Civil (LEC).*

Supuesto de hecho: *Se emite dictamen por el Colegio de la Abogacía en base al art. 246.1 LEC al no haber aceptado el Letrado la reducción interesada por el impugnante y anteriormente a la resolución definitiva por el Letrado de la Administración de Justicia.*

ASUNTO: JUZGADO DE PRIMERA INSTANCIA DE X

ETJ XX/XX

IMPORTE: 2.516 euros

ANTECEDENTES:

PRIMERO.— Con fecha XX tuvieron entrada en este Ilustre Colegio de la Abogacía, procedentes del Juzgado de Primera Instancia X, los autos del procedimiento arriba indicado, según dispone el art. 246.1 LEC, al efecto de que esta Corporación emita dictamen sobre la minuta de honorarios del Letrado D. Y ascendente a la cantidad de 2516 euros más el correspondiente IVA.

SEGUNDO.— Como antecedentes a la emisión del presente dictamen (...)

TERCERO.— Instada por la parte ejecutante la tasación de costas (...). La parte condenada al pago impugnó la minuta por considerarla excesiva, con propuesta de reducción a 634,80 euros más IVA, alegando que no se inició vía de apremio ni hubo oposición, haciéndose el pago incluso antes de recibir demanda ejecutiva, lo que el minutante no acepta.

CUARTO.— A la vista de lo preceptuado en el art. 246 LEC y como consecuencia de la función pericial que la misma encomienda a los Cole-

gios de la Abogacía; al ser llamados a emitir informe sobre la justa compensación de la contraparte por el ejercicio del derecho a la tutela judicial, este Colegio de la Abogacía procede a emitir el presente dictamen:

CONSIDERACIONES SOBRE HONORARIOS

PRIMERA.— Que el dictamen de esta Ilustre Corporación es un elemento que coadyuva a la estimación de la suma que debería trasladarse a la parte vencida por el concepto de honorarios de Letrado, a tenor de las actuaciones concretas remitidas. Ha de precisarse que, en cualquier caso, en el supuesto de controversia corresponde en exclusiva al órgano jurisdiccional que conozca del proceso la determinación de la cuantía última de la cantidad que ha de incluirse en la tasación de costas.

SEGUNDA.— Que para la determinación de los honorarios de Letrado devengados por su intervención profesional, debemos estar a las valoraciones que habitualmente manifiesta el Colegio de la Abogacía de Madrid en la emisión de sus dictámenes sobre Honorarios profesionales a requerimiento judicial, atendiendo a las actuaciones realizadas por el Letrado minutante y teniendo en cuenta que los honorarios procedentes ***habrán de ser proporcionados al trabajo realizado en atención a la complejidad del asunto y a la responsabilidad asumida en su dirección por el Letrado, habida cuenta de la trascendencia real de aquel.***

TERCERA.— En el presente caso...(...)

CUARTA.— En mérito de cuanto antecede, en atención a la ***trascendencia*** *que para las partes ha supuesto lo debatido y sobre todo* ***al trabajo realizado*** *por el Letrado de la parte ejecutante, a la vista de las actuaciones remitidas, se considera que los honorarios no deberían exceder de 800 euros más IVA, ello sin demérito alguno para la actuación profesional del Letrado minutante, y sin perjuicio de la validez y posible aplicación, en su caso, de los pactos a los que el Letrado haya podido llegar con su cliente en materia de honorarios, pues en ese supuesto no rigen las especiales limitaciones que operan cuando la minuta ha de ser satisfecha por el condenado en costas.*

Es por lo que este DEPARTAMENTO DE HONORARIOS PROFESIONALES DICTAMINA QUE frente a la suma de 2516 euros pretendida por el Letrado D.X en la minuta impugnada, resulta más acorde a los parámetros utilizados por el ICAM en la emisión de dictámenes sobre honorarios profesionales a requerimiento judicial, así ***como a las particulares circunstancias del procedimiento en el que son devengados y al trabajo efectivamente realizado por el referido Letrado, una más moderada cantidad*** *no superior a 800 euros, que deberá incrementarse con el IVA correspondiente.. Rogándole tenga a bien darnos traslado de la resolución que recaiga en su día sobre la impugnación planteada.*

Lo que tengo el honor de plantear para su conocimiento y demás efectos.

Madrid, X

POR EL DEPARTAMENTO DE HONORARIOS PROFESIONALES

Dirigido al Iltre. Letrado de la Administración de Justicia del Juzgado de Primera Instancia X de Y

(Elaborado sobre formulario del Ilustre Colegio de la Abogacía de Madrid)

En aplicación del artículo 246.3 LEC, como se ha visto anteriormente, el Letrado de la Administración de Justicia "*a la vista de lo actuado y de los dictámenes emitidos, dicta decreto manteniendo la tasación realizada o, en su caso, introduciendo las modificaciones que estime oportunas*".

El Letrado de la Administración de Justicia mantuvo la tasación inicialmente presentada, lo que fue calificado de "valiente" por el Abogado vencedor, condenando en costas al vencido. Este Abogado, en declaraciones al digital mencionado criticó al Colegio de la Abogacía, en estos términos: "*los colegios de abogados, lejos de ser el refugio del profesional, se han convertido en el peor enemigo de los letrados, dejándonos en muchas ocasiones desamparados e infravalorando nuestro trabajo, hasta el punto de pretender cobrar honorarios ridículos que en nada se corresponden con las cuotas que luego ellos exigen o derechos que perciben, como, por ejemplo, los dictámenes sobre honorarios que en la mayoría de casos sí son estandarizados*".

Y es que el Letrado de la Administración de Justicia entiende que la cantidad razonable a repercutir a la entidad financiera debe ser la que se recogió en la propia tasación, como expresión de una cantidad que "valore" el trabajo del profesional en razón de todas las circunstancias examinadas.

Son motivos expuestos por el Letrado de la Administración de Justicia: "*Insistir en que la estandarización no puede ser tomada como un elemento de reducción de las costas, asumirlo (y parece que se hace), llevaría a consecuencias irracionales como que los salarios de todos los que hacemos trabajos con elementos estandarizados, deban reducirse, desde los magistrados, notarios o registradores, a los funcionarios de auxilio, lo que sería inaceptable*", afirma. Además, indica que el argumento de la estandarización olvida que, para encontrar el antecedente, hay que estudiar el caso presente, y situarlo en los parámetros del estándar, "*y eso implica conocimiento*".

Estos son argumentos similares a los expuestos en el Formulario 10, cuando se menciona la sentencia de la Audiencia Provincial de Málaga de 31 de marzo de 2014 **(TOL4.416.101).** En definitiva, podríamos compararlo con un tema médico: por muy sencilla que sea una operación de apendicitis para un cirujano, en cada una de ellas se asume una responsabilidad individual porque cada persona operada hay que considerara como única, por mucho que sea una operación fácil y "estandarizada". En estos casos, los Abogados asumen una responsabilidad concreta por cada caso y la eventual responsabilidad civil tendrá en cuenta la cuantía del asunto, fuera de otros parámetros.

Como dice el Auto de 14 de junio de 2017 de la Audiencia Provincial de Madrid **(TOL6.247.871),** "*cada procedimiento de los dirigidos contra el Banco, aunque la causa de pedir sea única en todas las demandas, los hechos en que se fundan cada una de las acciones ejercitadas son distintas, con distintos perfiles entre los compradores, personas físicas, sociedades mercantiles, etc.... Y es que la proximidad entre los temas planteados no los convierte en idénticos o pleitos masa, ni puede servir de excusa para minorar a priori la labor del Letrado intervinientes porque, además, habrán de tenerse en cuenta otras circunstancias acaecidas en el pleito, la labor realizada por el Letrado, la cuantía y el interés económico debatido*".

El Letrado de la Administración de Justicia de Vigo también considera que el concepto "excesivo" es valorativo y, en consecuencia, "*sometido a la subjetividad que supone dar contenido a un concepto jurídico indeterminado, lo que implica hacer un especial esfuerzo para dotar de un contenido concreto a dicho término*".

El Colegio de la Abogacía se pronunció en términos parecidos al Banco la entidad financiera al entender que hay "*falta de complejidad, posibilidad de estandarización, cuantía escasa, allanamiento y 'petitum' concreto de nulidad de un sólo tipo de clausulado*".

Entiende el Letrado de la Administración de Justicia que el Banco "*habría ayudado si hubiera indicado una cantidad que estimase razonable, dado que, si lo incluido le parece excesivo, pues es el doble de lo obtenido, tampoco parece razonable que estuviese conforme con lo que informa el Colegio de Abogados, que es una cantidad superior a lo obtenido*".

Además, el Banco "no fue capaz" de resolver el problema sin llegar a movilizar "todo el tiempo y recursos" que el cliente, el Abogado y la Administración de Justicia han movilizado "para reparar un daño (o para compensar un cobro injusto, como se quiera)" de 748,35 euros.

Por todos estos motivos, y en concreto uno esencial (el Banco no llega a acuerdos con los consumidores a pesar de las continuas condenas), el Letrado de la Administración de Justicia señala que, para fijar la cantidad, se debe tener en cuenta todo lo que dice el dictamen o informe del Colegio de la Abogacía, pero también otros aspectos, entre ellos "*la contumacia de la mercantil demandada que fuerza a acudir a los tribunales al demandante, pues no atiende a la reclamación efectuada, y sin embargo, se allana simplemente a la demanda cuando se ve ante un tribunal*". Y es que el Banco "*como entidad financiera de primer nivel, sabe que el cliente puede demandar, que la demanda debe ser de juicio ordinario, que su cuantía es indeterminada (no se discute), y que ha tenido una reclamación previa (no se discute, pues, aunque se argumenta en el allanamiento, no se entra en juicio para poder evitar las costas, aunque solo sea por esta cuestión), y en lugar de intentar una solución, cita jurisprudencia como respuesta*".

Frente a la idea de estandarización, argumenta muy correctamente, en mi opinión, el Letrado de la Administración de Justicia. Es decir, entiende que, "*si bien pueden existir abogados/as especializados, no se puede considerar que todos los que lleven este tipo de asuntos "estén tan acostumbrados que apenas les represente trabajo, pues lo estén o no, siempre hay que examinar, escuchar, analizar, valorar y comprobar que el cliente tiene razón por la conexión de hechos con la norma jurídica a aplicar" (..)"Y ello, ya por oficio (lo que implica que el tiempo ha dado conocimiento y modo de saber hacer), ya sea por el trabajo de conocer el asunto, norma y doctrina de los tribunales, implica un trabajo que no puede ser minusvalorado*".

Este es un argumento muy escuchado en la experiencia personal que he podido tener en la impartición de cursos sobre tasación de costas y al tratar este tema en concreto. Los Abogados de pequeños despachos que llevan un poco de todo y sus materias son de lo más variopinto no pueden considerar un caso de estos como el que nos ocupa como "estándar" o "falto de complejidad". Sí lo podrá ser para un despacho exclusivamente dedicado a esta materia, pero en muchas ocasiones no es el caso. Y esto es una cuestión que el Letrado de la Administración de Justicia, al tasar costas, tampoco puede valorar fácilmente; es decir, si el Abogado minutante es un "experto en la materia" o no lo es. Por ello, es tan difícil entrar en la valoración particular de este aspecto. Decía un Letrado en una contestación a una impugnación de costas que el contenido de la impugnación del Banco "*supone una absoluta falta de respeto a la profesión de Abogado y a los Colegios Profesionales, pareciendo más una queja contra este al CGPJ o al CGAE que una impugnación (...) determinándose de manera gratuita que el Letrado infrascrito tarda 60 minutos en hacer una demanda, que no se sienta con sus clientes, que opera por internet como su fuese un "Arriaga" más*". Se puede percibir su enfado. También mencionaba a la presidenta de la asociación judicial Juezas y Jueces para la Democracia cuando el Gobierno se planteó eliminar las costas: "*es lo único que protege a los Juzgados de los bancos*" (y también a los ciudadanos). Y dice más, en relación a la repetitividad: "*no aplica al parecer la contraparte el mismo criterio a la hora de juzgar la categoría de sus contestaciones a la deman-*

da, auténticos calcos en los que normalmente solamente se modifican los datos del procedimiento".

En contra de este argumento, Vila Chirinós expone que si no se modera la tasación de algún modo sólo se producen injusticias que enriquecen a determinados Abogados. El ejemplo que pone es el de una persona que ha recuperado 800€ en gastos hipotecarios pero que no sabe que "*en su nombre, a parte de la demanda en que se reclamaban sus gastos hipotecarios y para la que había consultado con el profesional, se han presentado otras 5 o 6 demandas pidiendo la nulidad de una cláusula abusiva distinta a la de los gastos hipotecarios, que han reportado unas costas de un total de 30.000€ pero de los que la persona no ve ni un euro a pesar de que las costas son un derecho de la parte (no de los profesionales, salvo los casos de asistencia jurídica gratuita)*".

Y piensa que puede pensarse que no es algo importante (pagan los Bancos) "*pero dejando aparte el tema del rescate bancario con fondos públicos, la realidad es que ese dinero de las costas no se lo llevan los ciudadanos que han sufrido las cláusulas abusivas conforme señala la jurisprudencia, si no quienes les asisten y que al multiplicar la presentación de las demandas hacen que un juzgado esté dedicado exclusivamente a tramitar asuntos que tienen como única finalidad la condena en costas, ya que no hay otro motivo para explicar por qué se presentan varias demandas respecto de una hipoteca, en vez de una única demanda pidiendo la declaración de abusividad y los efectos que lleva inherente esa declaración, de todas las cláusulas abusivas que pudiera tener esa escritura*".

Así, recoge Vila Chirinós una sentencia de la Audiencia Provincial de Salamanca, de 10 de junio de 2021 **(TOL8.554.028)**, en la que no se condena en costas, por apreciación de mala fe y abuso de derecho al trocear procedimientos con el único objetivo de conseguir condenas en costas: *«...**no encuentra aplicación dicha doctrina cuando el proceso se inicia de mala fe y en abuso de derecho,** persiguiendo no la restitución de cantidades sino únicamente la declaración de nulidad de una o varias cláusulas hipotecarias —redactadas unilateralmente por el banco en forma estandarizada— **con la finalidad exclusiva y espuria de obtener la condena en costas del banco demandado.** No hay lesión del principio de efectividad de los derechos del consumidor cuando* *el único fin del proceso iniciado es la condena en costas, pues, como hemos dicho ya, es preciso evitar que la condena en costas constituya el único o principal fin del proceso*».

Es esta una opinión que tiene su fundamentación pero que tampoco es fácil de generalizar a la hora de resolver una impugnación de costas por estos motivos, como he comentado *supra*. Las soluciones que otorga desde la propia práctica de la tasación de costas son muy discutibles, en mi opinión. Recoge resoluciones de distintos órganos que establecen limitaciones en la tasación de costas amparadas en una supuesta función moderadora que puede llegar a tener el Letrado de la Administración de Justicia basada, teóricamente en el art. 243.2 LEC. No comparto dicha tesis, este precepto habla de que "*no se incluirán en la tasación los derechos correspondientes a escritos y actuaciones que sean inútiles, superfluas o no autorizadas por la ley, ni las partidas de las minutas que no se expresen detalladamente o que se refieran a honorarios que no se hayan devengado en el pleito.*". Considero demasiado forzado entender una tasación, en abstracto y menos desde el principio (sin trámite de impugnación), conteniendo "*actuaciones inútiles, superfluas o honorarios que no se hayan devengado en el pleito*". Desde estas páginas, se ha defendido que el Letrado de la Administración de Justicia se extralimitaría si aplicase esas indeterminadas tesis a la hora, tanto de tasar costas como de resolver una impugnación, más allá de unos criterios más o menos objetivos que únicamente nos pueden otorgar, a día de hoy, los denominados Criterios orientadores de los Colegios de la Abogacía.

Como ejemplos de limitaciones que imponen Letrados de la Administración de Justicia por sus propios argumentos, Vila Chirinós recoge: "*El Iltre. Juzgado de Primera Instancia 11 de Vigo, considera que el Letrado no puede cobrar más que su cliente. Y todos los Juzgados de Primera Instancia de la Región de Murcia que aplican como máximo unos honorarios de 300€ IVA incluido por procedimientos de cláusulas hipotecarias y su nulidad. Mientras que el Iltre. Juzgado n.º 8 Bis de Tarragona aplica un máximo de 847€ IVA incluido si se ha celebrado audiencia previa, y 400€ cuando sólo se ha presentado demanda. El Iltre. Juzgado*

50 Bis de Barcelona aplica un importe de 600€ IVA incluido en gastos. En Asturias el Iltre. Colegio de Abogados de Oviedo establece una cantidad máxima de 1.592€ por todo el procedimiento más reducción por fases".

También argumenta Vila Chirinós, además del art. 243.2 la denominada "*condición de norma de orden público de las costas procesales, al igual que lo son todas las normas que regulan el procedimiento civil. Las normas que regulan las costas procesales no tienen carácter disponible y, en consecuencia, la jurisprudencia que las interpreta ha de observarse con carácter imperativo aún cuando nos encontremos en la fase de tasación y todavía no se haya producido la impugnación que prevé el legislador*".

Entiende el autor mencionado que la función del Letrado de la Administración de Justicia "*no es la de fijar los honorarios derivados de los servicios del letrado minutante respecto de su cliente que libremente le eligió, sino de cuantificar un crédito derivado de la aplicación de un principio procesal de vencimiento objetivo*". Por eso mismo considero que el Letrado de la Administración de Justicia no debe extralimitarse de sus funciones. En primer lugar, de inicio, cuando practica la tasación que le ha sido solicitada. Y, posteriormente, tras los trámites de impugnación, ha de argumentar, en su caso, muy sólidamente los motivos de la reducción de los honorarios, máxime cuando se aparta del dictamen preceptivo del Ilustre Colegio de la Abogacía correspondiente, al que el legislador ha dado juego tanto por la propia obligatoriedad del dictamen en el trámite de impugnación como por la Ley Orgánica del Derecho de Defensa aprobada en noviembre de 2024, que ampara de nuevo a los Colegios a dictar Criterios a los efectos de tasación de costas.

Sin embargo, sí es cierto que la jurisprudencia del Tribunal Supremo recoge ya casos en los que parece que el único interés de la demanda es conseguir una condena en costas, más allá del fondo del asunto, pero sobre esta cuestión entiendo que, de *lege ferenda*, deberá tomar las riendas el legislador y fijar la regulación que estime oportuno. De hecho, la sentencia del Tribunal Supremo de 20 de diciembre de 2024 (Sala 1.ª-**TOL10.331.515-)** recoge estas intenciones: "*no tiene mucho sentido que quien ha cancelado anticipadamente el micro préstamo de 500 euros y ha presentado una demanda de* *nulidad del préstamo porque no solo lo considera usurario (...) al mismo tiempo vuelva a pedir un micro préstamo de características similares al que considera que es usurario y nulo por ser abusivo*". En un momento dado de la resolución se recoge: «*Resulta kafkiano y esperpéntico la presente demanda, que alegue que los intereses son usureros y determinadas cláusulas abusivas y que un mes más tarde de contar con asesoría legal y el mismo día que interpone la demanda solicite un nuevo micro préstamo*». Como recoge Martínez de Santos, las costas en numerosos procesos civiles han perdido su finalidad primigenia.

El problema, como se ha dicho, es resolver el asunto legal y convenientemente con los instrumentos que se tienen actualmente.

Y tal como se ha mencionado en apartados anteriores, y esto podría ser objeto de impugnación para el letrado minutante (por no haberse incluido partidas debidas), el Letrado de la Administración de Justicia no debe, de oficio, reducir la minuta más allá del tercio legal establecido legamente en principio (salvo las excepciones comentadas).

De inicio, por todos los motivos que pueden ser objeto de impugnación por la contraparte (falta de complejidad, estandarización...) no debe entrar el Letrado de la Administración de Justicia *ab initio*, a la hora de practicar la tasación.

Si no, nos podemos encontrar con recursos de amparo como el presentado por X ante un Letrado de la Administración de Justicia que reduce a la mitad los honorarios del Letrado por los motivos antedichos. Como dice el Abogado recurrente: "*no se dice en el informe que el abogado minutante haya infringido los criterios sobre los que sustenta su minuta, aspecto esencial para saber si existe desproporción entre lo pedido y lo razonable*".

Volviendo al Decreto del Letrado de la Administración de Justicia de Vigo, concluye su resolución con una reflexión que se considera muy acertada: "*esta resolución podrá ser discutida, recurrida y modificada, pero que "lo que no es asumible es la inseguridad jurídica que se generan en estas situaciones, a diario y en cientos o miles de asuntos semejantes"* (...)*"La solución no puede ser la que cada LAJ, cada Tribunal establezca, sino que corresponde al legislador velar porque se fije una norma que proporcione la seguridad jurídica necesaria para demandantes y demandados, cumpliendo el objetivo de evitar pleitos innecesarios, pues en la línea del abogado minutante, a miles de procedimientos estandarizados se corresponden miles de situaciones injustas".*

Esta resolución del Letrado de la Administración de Justicia de Vigo fue aplaudida por la principal impulsora del Sindicato de Abogados *Venia*, Belén García García, destacando que los procedimientos sobre cláusulas abusivas, "*muy al contrario del criterio de los Colegios, no son procedimientos en masa, sino que deben ser examinados individualmente y, además, requieren de constante formación ante los continuos cambios de jurisprudencia a nivel europeo".*

No cabe duda de que ha sido una resolución fundada y argumentada, que en líneas generales se comparte desde estas páginas, como se ha podido comprobar en los formularios propios incluidos anteriormente, en la misma línea de argumentación en contra de la idea de "estandarización".

Sin embargo, hay supuestos en los que la minuta del Letrado objeto de impugnación por excesivas sí ha de ser reducida y acoger las tesis del Colegio de la Abogacía puesto que en la minuta inicial no se han tenido en cuenta cuestiones clave como el allanamiento de la demandada, la no celebración de audiencia previa o juicio...O el propio fraude de ley escandalosamente visible, como en los supuestos vistos por el Tribunal Supremo en la última jurisprudencia referenciada en estas páginas. En esos casos, si la minuta inicial respeta el tercio de la cuantía, el Letrado de la Administración de Justicia no debería entrar en la reducción; pero sí lo ha de hacer si, tras el trámite de impugnación, se demuestra que se ha minutado sin tener en cuenta dichos factores o en evidente fraude de ley.

Seguidamente se incluye un formulario donde el Letrado de la Administración de Justicia acoge la tesis del Colegio de la Abogacía (que la mayor parte de las veces tampoco es coincidente con el tenor de la impugnación planteada, dictaminando con mayor objetividad).

También se incluye un fundamento de derecho que hace mención a la situación de incertidumbre en la que nos encontramos después de la última jurisprudencia del Tribunal Supremo y la falta de criterios claros para poder minutar y tasar.

F.13 MODELO DE DECRETO RESOLVIENDO UNA IMPUGNACIÓN DE TASACIÓN DE COSTAS POR EXCESIVAS POR NO TENER EN CUENTA LA FASE PROCESAL EN LA QUE SE TERMINÓ EL PROCEDIMIENTO Y LA COMPLEJIDAD Y ESFUERZOS REALIZADOS

Normativa aplicable*: art. 246 de la Ley 1/2000, de 7 de enero, de Enjuiciamiento Civil (LEC).*

Supuesto de hecho: *Se dicta decreto resolviendo el incidente de impugnación de tasación de costas excesivas en el que se impugna la minuta del letrado por no tener en cuenta la fase procesal en la que se terminó el pleito y no haber tenido en cuenta el efectivo esfuerzo realizado y la complejidad.*

***JUZGADO DE PRIMERA INSTANCIA E INSTRUCCION NUMERO X de** Z*

DECRETO

Sr. Letrado de la Administración de Justicia: D. X

En Y, a X de Z.

ANTECEDENTES DE HECHO

Único.— Por la defensa y representación de xxxxxx se impugnó POR EXCESIVAS la tasación de costas practicada en el presente proceso en fecha 20 de marzo de 2024, alegando que la actuación de la letrada minutante forma parte de un tipo de juicio repetitivo y carente de complejidad.

FUNDAMENTOS DE DERECHO

Primero.— Dispone el artículo 246.1 de la L.E.C. que, si la tasación se impugnara por considerar excesivos los honorarios de los abogados, se oirá en el plazo de cinco días al Abogado que se trate y, si no aceptara la reducción de honorarios que se le reclame, se pasará testimonio de los autos, o de la parte de ellos que resulte necesaria, al Colegio de Abogados para que emita informe. En el apartado 3 del mencionado artículo se establece que el Letrado de la Administración de Justicia, a la vista de lo actuado y de los dictámenes emitidos, dictará decreto manteniendo la tasación realizada o, en su caso, introducirá las modificaciones oportunas.

Segundo.— En el presente caso, la parte entiende que la actuación de la letrada minutante forma parte de un tipo de juicio repetitivo y carente de complejidad.

Tercero.— La parte impugnada contesta el XX de XX oponiéndose a la reducción propuesta por la parte impugnante. El Ilustre Colegio de Abogados de Madrid emitió dictamen fechado a YY de YY. En el dictamen mencionado se entiende que la minuta correcta, dadas las circunstancias del asunto que nos ocupa (esfuerzo dedicado, complejidad del asunto), sería la de 1.800 euros, más IVA, tal como minutó inicialmente la parte actora. Este Letrado de la Administración de Justicia se hace eco del informe con los criterios expresados por el dictamen del Ilustre Colegio de Abogados de Madrid, remitiéndose a las argumentaciones del informe en su integridad.

Cuarto.— Por otra parte, ha de tenerse en cuenta que la última jurisprudencia del Tribunal Supremo sobre la vigencia de los criterios orientadores de los Colegios de Abogados (STS 19 de diciembre de 2022 y STS de 23 de diciembre de 2022) ha puesto de manifiesto una situación insólita que sólo puede ser superada entendiendo que los mencionados Criterios son "costumbre" aplicable a la hora de realizar minutas a efectos de tasación de costas, sin que se pueda, entre tanto, dejar al absoluto arbitrio de cada letrado o Juzgado dicha cuestión. En definitiva, ha de tenerse, por mera seguridad jurídica (art. 9.3 CE) y derecho a la tutela judicial efectiva (art. 24 CE) unos parámetros mínimos para poder realizar las tasaciones de costas, tal como ha manifestado el ICAM en el comunicado de respuesta de enero de 2023 a la jurisprudencia mencionada. Con la entrada en vigor de la Ley Orgánica 5/24, de 11 de noviembre, del Derecho de Defensa y lo establecido en el art. 6.2.e) del mencionado texto legal se espera clarificar algo dicha problemática jurídica.

Quinto.— En materia de costas, se considera que no se ha de condenar a ninguna de las partes en base al art. 246.3 LEC por existir dudas de derecho (394.1 LEC).

PARTE DISPOSITIVA

1. *Desestimar la impugnación por excesivas formulada por la defensa y la representación de xxxxxx contra la tasación de costas practicada en el presente proceso en fecha fecha XX de XX, por los motivos expuestos en los fundamentos de derecho tercero y cuarto de la presente resolución.*
2. *La tasación de XX de XX se confirma en su integridad, resultando un total (incluyendo Abogado y Procurador) de 2.525,62 euros.*
3. *Líbrese testimonio del presente decreto con destino al procedimiento principal xxxx.*
4. *No hay condena en costas por el presente incidente de acuerdo con el fundamento de derecho quinto de la presente resolución.*
5. *De la presente resolución, llévese el original al libro de decretos de este Juzgado, dejándose testimonio del mismo en autos.*
6. *La presente resolución, una vez firme, es título ejecutivo de acuerdo con el art. 517.2. 9.º LEC.*

MODO DE IMPUGNACIÓN: recurso de revisión en el plazo de cinco días ante el Letrado de la Administración de Justicia que lo dicta.

(Elaborado sobre formulario de elaboración propia)

El Decreto que resuelve la impugnación por excesivas es recurrible en revisión de acuerdo con el art. 246, y únicamente en revisión, pues no cabe ningún otro recurso contra este último. Como se ha comentado en apartados anteriores, desde la Ley 37/2011, se eliminó la posibilidad de recurrir en apelación estos autos judiciales dictados por el Juez de Primera Instancia. Los Decretos del Letrado de la Administración de Justicia que resuelven impugnaciones por excesivas pueden ser recurridos en revisión y en el caso del Formulario 13, con argumentos idénticos a los expresados por el Letrado de la Administración de Justicia en los formularios anteriores, el Magistrado confirma. No cabe condena en costas por la desestimación del recurso de revisión. Así, el ATS de 16 de abril de 2024 **(TOL9.982.438)**, dice que "*no procede hacer imposición de costas del presente recurso directo de revisión ya que se entiende que, en la resolución de los recursos de reposición y revisión, a diferencia de lo que ocurre en el art. 398 LEC, no cabe la misma, pues la LEC no contempla respecto de ellos ningún régimen de imposición ni realiza remisión al régimen ordinario contemplado en los arts. 394 y siguientes*".

F.14 MODELO DE AUTO RESOLVIENDO UN RECURSO DE REVISIÓN CONTRA EL DECRETO QUE DESESTIMA UNA IMPUGNACIÓN DE COSTAS POR EXCESIVAS

Normativa aplicable*: art. 246.4 de la Ley 1/2000, de 7 de enero, de Enjuiciamiento Civil (LEC).*

Supuesto de hecho: *Se dicta auto que resuelve un recurso de revisión desestimándolo y confirmando el decreto que, a su vez, desestimó la tasación de costas por excesivas.*

JUZGADO DE 1.ª INSTANCIA E INSTRUCCIÓN n.º X de Z

Procedimiento: Impugnación de la tasación de costas X-0001 (Procedimiento Ordinario)

Materia: Contratos bancarios
NEGOCIADO
Demandante: D./Dña.
Demandado:

AUTO

EL/LA JUEZ/MAGISTRADO-JUEZ QUE LO DICTA: D./X

Lugar: Y
Fecha: X.

HECHOS PRIMERO: En fecha XX de XX se dictó Decreto desestimando la impugnación por excesivos formulada por la defensa y representa-

ción de X (Banco) contra la tasación de costas practicada en el presente procedimiento en fecha XX de XX. En fecha XX de XX se presentó recurso de revisión frente a la referida resolución. En fecha XX de XX se dio el traslado preceptivo por plazo de 5 días a fin de impugnar, en su caso, el recurso planteado. En fecha XX de XX se presentó escrito de impugnación del recurso de revisión por la representación procesal de Dña. YYYY.

SEGUNDO: En el presente procedimiento se han seguido todas las prescripciones legales.

RAZONAMIENTOS JURÍDICOS

PRIMERO: Procede la desestimación del recurso de revisión y la confirmación de la resolución recurrida. En fecha XX de XX se practicó tasación de costas por el Sr. Letrado de la Administración de Justicia del presente Juzgado. La parte recurrente esgrime en su recurso la procedencia de reducir la minuta por tratarse de un pleito masa y falto de complejidad. Entiende la juzgadora que nos encontramos en un procedimiento en el que por Decreto de admisión dictado en fecha XX de XX se determinó la cuantía del procedimiento, resolución judicial que devino firme por falta de recurso. El hecho de que se trate de un pleito masa, como expuso el Sr. Letrado de la Administración de Justicia en el Decreto recurrido, no priva al letrado de la necesidad de desarrollar una actividad intelectual y de asumir la responsabilidad del asesoramiento prestado que necesariamente es proporcional a la cuantía económica del procedimiento y al perjuicio que derivaría de una deficiente labor profesional, además de la necesidad de adaptar la pretensión a las particularidades y circunstancias concretas del cada cliente. A todo ello ha de sumarse además la necesidad de respetar la seguridad jurídica (art. 9.3 CE) y el derecho a la tutela judicial efectiva (art.24 CE) que exige unos parámetros mínimos para poder realizar las tasaciones de costas.

PARTE DISPOSITIVA

Debo desestimar y desestimo íntegramente el Recurso de Revisión planteado frente al Decreto de fecha XX de XX confirmándolo íntegramente e imponiendo las costas procesales a la parte recurrente. ***La presente resolución es firme****. Así lo acuerda, manda y firma S.S.ª Doy fe.*

EL/La Juez/Magistrado-Juez El/La Letrado/a de la Admón. de Justicia DILIGENCIA: Seguidamente se cumple lo acordado. Doy fe.-

(Elaborado sobre formulario de Juzgados de Primera Instancia e Instrucción de Alcorcón-Madrid)

Como recoge la STS de 6 de febrero de 2024 **(TOL9.881.238),** la doctrina del Alto Tribunal es: "*una cosa es que el incidente de impugnación de la tasación de costas* ***no tenga por objeto fijar la cuantía del pleito*** *(su objeto es propiamente fijar el importe de las costas que ha de pagar la parte vencida en costas) y* ***otra distinta que, cuando la cuantía del procedimiento no ha quedado fijada en la fase declarativa del proceso****, en el incidente de impugnación de la tasación de costas, al valorar los distintos parámetros pertinentes para fijar los honorarios del abogado y los derechos del procurador, uno de los parámetros sobre los que sea preciso pronunciarse sea la cuantía del procedimiento (...) Circunstancias excepcionales que no concurren en el presente recurso, pues no resulta discutido que el procedimiento se tramitó como de cuantía indeterminada, solicitando la parte recurrente que debería de fijarse conforme al importe del perjuicio causado a la parte a la fecha de presentación de la demanda y que la parte fija en 65.110.46 euros (...) la discusión sobre la cuantía no es razón que permita cuestionar la labor de ponderación del conjunto de factores a tomar en consideración en materia de honorarios, ya que no es posible atribuir a uno solo de ellos, aisladamente considerado, un valor vinculante o relevancia que no tiene*".

Parte V

La reforma del trámite de impugnación de costas en la Ley Orgánica de Eficiencia del Servicio Público de Justicia. Los medios adecuados de solución de controversias y su influencia. Moderación y exoneración. Abuso del servicio público de justicia. Otras modificaciones relativas a las costas procesales

1. LA LEY ORGÁNICA DE EFICIENCIA Y LAS MODIFICACIONES SOBRE COSTAS QUE TRAE AL PROCESO CIVIL

La reforma que la L.O. 1/2025 ha implicado al ámbito de las costas es muy relevante y produce un importante cambio de paradigma.

Se ha trasladado básicamente la que ya estaba prevista en el Proyecto de Ley de Eficiencia Procesal (BOCG de 22 de abril de 2022) y tiene como principal novedad la posibilidad de moderación y exoneración de la condena en costas cuando el beneficiado no hubiese aceptado lo acordado en el "medio adecuado de solución de controversias" (MASC) que se hubiese producido en el seno del proceso que se ha planteado y que ha dado lugar a la condena en costas.

Para ello toman especial relevancia los MASC, de los que hablaremos más adelante, así como el concepto de abuso del servicio público de justicia.

Como dice el Preámbulo de la L.O. 1/2025, "*se producen también las modificaciones necesarias en la Ley 1/2000, de 7 de enero, para poder incluir en la tasación de costas la intervención de profesionales de los que se haya valido el consumidor o usuario aun cuando su intervención no resulte preceptiva y para que en la imposición y tasación de costas del* ***pleito los tribunales puedan valorar la colaboración de las partes en la utilización de los medios adecuados de solución de controversias y el posible abuso del servicio público de Justicia****, regulándose también a tal fin la posible* ***solicitud de exoneración o moderación*** *de las costas tras su imposición y una vez que el deber de confidencialidad ha cumplido toda la etapa necesaria hasta la firmeza de la sentencia y se puede ya acreditar la formulación de una propuesta a la parte contraria en cualquiera de los medios adecuados de solución de controversias al que hubieran acudido, que* ***la misma no hubiera sido aceptada por la parte requerida y que la resolución judicial que haya puesto término al procedimiento sea sustancialmente coincidente con el contenido de dicha propuesta.*** *Surge así la noción del* ***abuso del servicio público de Justicia,*** *actitud incompatible de todo punto con su sostenibilidad. El abuso del servicio público de justicia* ***se erige como excepción al principio general del principio de vencimiento objetivo*** *en costas, e informador de los criterios para su imposición, al sancionar a aquellas partes que hubieran rehusado injustificadamente acudir a un medio adecuado de solución de controversias, cuando este fuera preceptivo. Del mismo modo, el abuso del servicio público de justicia se une a la conculcación de las reglas de la buena fe procesal como concepto acreedor de la imposición motivada de las sanciones previstas en la mencionada Ley 1/2000, de 7 de enero.*

Y prosigue el Preámbulo explicando en qué puede consistir este abuso: "*en la* ***utilización irresponsable*** *del derecho fundamental de acceso a los tribunales* ***recurriendo injustificadamente a la jurisdicción cuando hubiera sido factible y evidente una solución consensuada de la controversia****, como son los litigios de cláusulas abusivas ya resueltos en vía judicial con carácter firme y con idéntico supuesto de hecho y fundamento jurídico, o en los casos en que las pretensiones carezcan notoriamente de toda justificación impactando en la sostenibilidad del sistema, del cual quiere hacerse partícipe a la ciudadanía. Así, si bien este nuevo* *concepto puede presentar elementos concomitantes con otros existentes como temeridad, el abuso del derecho o la mala fe procesal, los complementa, ofreciendo una dimensión de la Justicia como servicio público al exigir una valoración, por parte de los Tribunales, de la conducta de las partes previa al procedimiento, en la consecución de una solución negociada. Todo ello sin perjuicio de que será indudablemente la jurisprudencia la que irá delimitando los contornos de este nuevo concepto, y sus aspectos diferenciales con respecto a los ya indicados, como ya lo ha hecho a lo largo de muchos años en el análisis de la temeridad o la mala fe procesal".*

Como ejemplo de esto último habría que comentar que no es frecuente la condena en costas, como es sabido, en los pleitos de familia, salvo que se aprecie temeridad por parte del Juzgador. Por caso, en supuestos en los que, proviniendo de un mutuo acuerdo, una de las partes solicita una modificación de medidas beneficiándose de su condición de usuario de la justicia gratuita, con variación insustancial de las circunstancias personales y económicas que implica unas molestias y gastos a la otra parte y que, dicha mala fe y temeridad puede ser apreciada por el Tribunal si se acredita dicha situación.

De todos modos, como dice Achón Bruñén, "la exégesis de la expresión "abuso del servicio público de justicia" va a ocasionar problemas interpretativos, máxime en el caso de procesos en los que no es preceptiva la postulación (caso de Jueces de Paz en verbales de cuantía no superior a los 150 euros).

2. LOS MEDIOS ADECUADOS DE SOLUCIÓN DE CONTROVERSIAS Y SU REPERCUSIÓN EN LAS COSTAS PROCESALES

Acudir a los medios adecuados de solución de controversias (MASC) será requisito de procedibilidad para poder acudir a los Tribunales, salvo las excepciones que se establecen en la propia Ley para cierto tipo de procedimientos donde se considera que no es conveniente.

Como dice Belloso Martín, la búsqueda de la ansiada eficiencia en la Administración de Justicia se lleva persiguiendo años, pero este problema no se puede solucionar —siguiendo a Taruffo— con una especie de huida de la jurisdicción puesto que la jurisdicción sigue siendo la primera alternativa además de la principal. Hay autores escépticos. El propósito es loable. Solo queda saber si con estas reformas se entorpecerá más el acceso a la Jurisdicción y el que consiga acceder pueda tener una respuesta rápida y no demasiado onerosa con cierta agilidad (al menos, mayor que la actual). Veremos.

El art. 5 de la L.O. 1/2025 nos habla de qué tipo de medios adecuados de solución de controversias existen, así como de los procedimientos en los que es necesario acudir a ellos antes de a los Tribunales y los que se encuentras exceptuados:

Artículo 5. Requisito de procedibilidad.

1. En el ***orden jurisdiccional civil****, con carácter general, para que sea admisible la demanda se considerará requisito de procedibilidad acudir previamente a algún* ***medio adecuado de solución de controversias*** *de los previstos en el artículo 2. Para entender cumplido este requisito habrá de existir una identidad entre el objeto de la negociación y el objeto del litigio, aun cuando las pretensiones que pudieran ejercitarse, en su caso, en vía judicial sobre dicho objeto pudieran variar.*

Se ***considerará cumplido este requisito*** *si se acude previamente a la mediación, a la conciliación o a la opinión neutral de una persona experta independiente, si se formula una oferta vinculante confidencial o si se emplea cualquier otro tipo de actividad negociadora, reconocida en esta u otras leyes, estatales o autonómicas, pero que cumpla lo previsto en las secciones 1.ª y 2.ª, de este capítulo o en una ley sectorial. Singularmente, se considerará cumplido el requisito cuando la* ***actividad negociadora se desarrolle*** *directamente por las partes, o entre sus abogados o abogadas bajo sus directrices y con su conformidad, así como en los supuestos en que las partes hayan recurrido a un proceso de Derecho colaborativo.*

2. Se exigirá actividad negociadora previa a la vía jurisdiccional como requisito de procedibilidad en todos los ***procesos declarativos del libro II***

***y en los procesos especiales del libro IV** de la Ley 1/2000, de 7 de enero, de Enjuiciamiento Civil, con excepción de los que tengan por **objeto las siguientes materias**:*

a) la tutela judicial civil de derechos fundamentales;

b) la adopción de las medidas previstas en el artículo 158 del Código Civil;

c) la adopción de medidas judiciales de apoyo a las personas con discapacidad;

d) la filiación, paternidad y maternidad;

e) la tutela sumaria de la tenencia o de la posesión de una cosa o derecho por quien haya sido despojado de ellas o perturbado en su disfrute;

f) la pretensión de que el tribunal resuelva, con carácter sumario, la demolición o derribo de obra, edificio, árbol, columna o cualquier otro objeto análogo en estado de ruina y que amenace causar daños a quien demande;

g) el ingreso de menores con problemas de conducta en centros de protección específicos, la entrada en domicilios y restantes lugares para la ejecución forzosa de medidas de protección de menores o la restitución o retorno de menores en los supuestos de sustracción internacional;

h) el juicio cambiario.

*3. **No será preciso acudir a un medio adecuado de solución de controversias para la interposición** de una demanda ejecutiva, la solicitud de medidas cautelares previas a la demanda, la solicitud de diligencias preliminares ni para la iniciación de expedientes de jurisdicción voluntaria, con excepción de los expedientes de intervención judicial en los casos de desacuerdo conyugal y en la administración de bienes gananciales, así como de los de intervención judicial en caso de desacuerdo en el ejercicio de la patria potestad. Tampoco será preciso acudir a un medio adecuado de solución de controversias para presentar la petición de requerimiento europeo de pago conforme al Reglamento (CE) n.º 1896/2006 del Parlamento*

Europeo y del Consejo, de 12 de diciembre de 2006, por el que se establece un proceso monitorio europeo, o solicitar el inicio de un proceso europeo de escasa cuantía, conforme al Reglamento (CE) n.º 861/2007 del Parlamento Europeo y del Consejo, de 11 de julio de 2007, por el que se establece un proceso europeo de escasa cuantía.

*4. **La iniciativa** de acudir a los medios adecuados de solución de controversias puede proceder de una de las partes, de ambas de común acuerdo o bien de una decisión judicial o del letrado o la letrada de la Administración de Justicia de derivación de las partes a este tipo de medios.*

Para el caso de que todas las partes plantearan acudir a un medio adecuado de solución de controversias y no existiera acuerdo sobre cuál de ellos utilizar, se empleará aquel que se haya propuesto antes temporalmente".

Se considera evidente que, en muchas ocasiones es necesario descargar a los Tribunales de pleitos que habrían podido ser resueltos de manera más sencilla y eficiente fuera de los mismos. Pero también es cierto que está por ver hasta qué punto va a funcionar este sistema, al menos inicialmente. Por varios motivos: por una parte, por falta de cultura negocial y de acuerdos en nuestro país. Se corre el riesgo de que el MASC más utilizado sea la conciliación judicial que, por otra parte, es el único —a priori— gratuito. Por lo que estaríamos llenando los Tribunales de Instancia, y en concreto a los Letrados de la Administración de Justicia de procedimientos de Jurisdicción Voluntaria que, probablemente, no llegarían a buen puerto y pasarían a ser un "mero trámite", entorpeciendo el verdadero acceso a los Tribunales. Ya en la LEC 1881 se tenía una conciliación prejudicial como requisito de procedibilidad, que con la reforma de 1984 (Ley 24/1984, de 6 de agosto) fue eliminada por su ineficacia ("*como demuestra la experiencia, ha dado resultados muy poco satisfactorios*", decía la Exposición de Motivos).

Para que la mediación, en mi opinión, sea efectiva habrá que iniciar su implantación generalizada alrededor de todos los Tribunales de Instancia. En mi experiencia profesional no he conocido servicios de mediación concretamente establecidos y las casillas de la estadística judicial del CGPJ relativas a esta cuestión siempre las he tenido que poner a "0". Lo cual no quiere decir que no existan en otros partidos judiciales donde no he trabajado y que no sean conveniente su existencia. Pero manifiesto una experiencia que tenemos muchos de los que trabajamos en la Administración de Justicia.

Por lo que imagino que habrá que configurar y publicitar estos servicios de mediación de manera más generalizada, y, en algunos partidos judiciales esto consiste en comenzar de cero, pues nunca ha existido.

Por tanto, todo ello supone un cambio de cultura procesal importante que afecta a todas las partes, ciudadanos, profesionales, Jueces, Fiscales, Letrados de la Administración de Justicia... Hará falta mucha formación para ello y medios. De momento, parece que el escepticismo puede llegar a marcar nuestra opinión sobre el asunto.

3. LOS CAMBIOS EN EL TRÁMITE DE IMPUGNACIÓN Y EL CONCEPTO DE ABUSO DEL SERVICIO PÚBLICO DE JUSTICIA

Volviendo al Preámbulo, se observa que intenta aclararnos qué entiende por el abuso del servicio público de Justicia y la trascendencia que puede tener a la hora de la condena en costas, se introduce a profundizar sobre los cambios en costas procesales:

*"En materia de costas procesales son varias las modificaciones que se realizan, sin perjuicio de las que ya se han expuesto al describir la regulación de los medios adecuados de solución de controversias. Así, **se suprime la condena en costas en el incidente de impugnación de la tasación de costas por excesivas salvo en los casos de abuso del servicio público de Justicia**. En muchas ocasiones, los criterios del colegio profesional correspondiente no son seguidos por los Juzgados o Audiencias Provinciales. Por ello, dada la casuística a la hora de interpretar los criterios de honorarios y la complejidad de algunos asuntos, **parece lógico que, tratándose de una cuestión no reglada, no se impongan costas** salvo que se aprecie el abuso antes dicho. De esta forma **se evitará la práctica de multitud de tasacio-***

***nes** de costas por los incidentes de impugnación de las costas principales. También se introduce una nueva regulación de las costas en el incidente de acumulación de procesos eliminando el criterio de vencimiento objetivo para su imposición, dando entrada a un criterio ponderador de la buena o mala fe procesal, favoreciendo así la solicitud de eventuales acumulaciones en aras de una mejor garantía del principio de economía procesal".*

Tiene cierta lógica, tal como se encuentra la situación descrita a lo largo del presente trabajo en relación a la tasación de costas, que se elimine la condena en costas en el incidente de impugnación salvo en el caso de abuso. De hecho, como se puede comprobar de los formularios que se recogen en este libro, ya se excluía la condena en costas con el argumento de las "serias dudas de hecho o de derecho". Por ello, la condena en costas planteada en el caso de Vigo del apartado anterior, se elimina con la reforma, en un caso en el que el Letrado de la Administración de Justicia se aparta del criterio del Colegio de la Abogacía. Qué mayor ejemplo puede existir de "serias dudas de hecho o de derecho" que ese. Por otra parte, el legislador, ve esta reforma una ventaja no sólo en relación a la justicia material sino, en concreto, a lo que le lleva a dictar la Ley: la eficiencia. Piensa en todas las tasaciones que nos vamos a ahorrar eliminando dicha condena, por lo que, inevitablemente, "seremos más eficientes".

Una de las cuestiones más polémicas en relación a las peticiones de exoneración o moderación de la condena en costas cuando no se ha aceptado el MASC es el tema de la confidencialidad. Y es que se plantea hasta qué punto han de salir a la luz las negociaciones habidas para descubrir el fondo del motivo por el que el beneficiado de las costas no aceptó el MASC en su momento.

De acuerdo con el art 9 de la Ley de Mediación (Ley 5/2012, de 6 de julio), en la redacción dada por la L.O. 1/2025, "*1. El proceso de negociación y la documentación utilizada en el mismo son confidenciales, salvo la información relativa a si las partes acudieron o no al intento de negociación previa y al objeto de la controversia. La obligación de confidencialidad se extiende a las partes, a los abogados o abogadas intervinientes y, en su caso, a la tercera persona neutral que intervenga, que quedarán sujetos al deber y derecho de secreto profesional, de modo que ninguno de ellos podrá revelar la información que hubieran podido obtener derivada del proceso de negociación. 2. En particular, las partes, los abogados o abogadas y la tercera persona neutral no podrán declarar o aportar documentación derivada del proceso de negociación o relacionada con el mismo ni ser obligados a ello en un procedimiento judicial o en un arbitraje, excepto: a) Cuando todas las partes de manera expresa y por escrito se hayan dispensado recíprocamente o al abogado o abogada o a la tercera persona neutral del deber de confidencialidad. b)* ***Cuando se esté tramitando la impugnación de la tasación de costas y solicitud de exoneración o moderación de las mismas según lo previsto en el artículo 245 de la Ley 1/2000, de 7 de enero, de Enjuiciamiento Civil y a esos únicos fines, sin que pueda utilizarse para otros diferentes ni en procesos posteriores.*** *c) Cuando, mediante resolución judicial motivada, sea solicita".*

Como se puede observar, la confidencialidad decae, entre otras causas, en el seno de la impugnación de costas y se ha solicitado la exoneración o moderación de las costas. Se entiende discutible dicha previsión y un verdadero ataque a la confidencialidad en aras a facilitar a toda costa que se lleguen a acuerdos en los MASC "ante lo que pueda pasar" después, una vez que hay resolución final y condena en costas.

Otra referencia a las costas se encuentra en el art. 12.4 de la L.O. 1/2025, en relación a los gastos de otorgamiento de escrituras, su abono y su repercusión (relativo a los efectos de la actividad negociadora).

"Los gastos de otorgamiento de escrituras serán abonados según lo acordado por las partes. En defecto de acuerdo, serán pagados por la parte que solicite la elevación a escritura pública, sin perjuicio de la repercusión como costas que, en su caso, pudiera producirse en el proceso de ejecución de conformidad con lo establecido en la Ley 1/2000, de 7 de enero, de Enjuiciamiento Civil, teniendo la consideración de derechos arancelarios".

En materia de decreto por satisfacción extraprocesal, es muy relevante la modificación del art. 22.2 LEC.

Hasta el 2 de abril de 2025 su redacción es la siguiente:

2. Si alguna de las partes sostuviere la subsistencia de interés legítimo, negando motivadamente que se haya dado satisfacción extraprocesal a sus pretensiones o con otros argumentos, el Letrado de la Administración de Justicia convocará a las partes, en el plazo de diez días, a una comparecencia ante el Tribunal que versará sobre ese único objeto.

Terminada la comparecencia, el tribunal decidirá mediante auto, dentro de los diez días siguientes, si procede, o no, continuar el juicio, imponiéndose las costas de estas actuaciones a quien viere rechazada su pretensión

A partir del 3 de abril de 2025, dice: «*2. Si alguna de las partes sostuviere la subsistencia de interés legítimo, negando motivadamente que se haya dado satisfacción extraprocesal a sus pretensiones o con otros argumentos, el Letrado de la Administración de Justicia convocará a las partes, en el plazo de diez días, a una comparecencia ante el Tribunal que versará sobre ese único objeto. Terminada la comparecencia, el tribunal decidirá mediante auto, dentro de los diez días siguientes, si procede, o no, continuar el juicio, imponiéndose las costas de estas actuaciones a quien viere rechazada su pretensión.* ***En el caso de que el interés legítimo que se alegara se circunscribiera a la satisfacción de las costas causadas, el letrado de la Administración de Justicia dará cuenta al tribunal, que acordará mediante auto, previa audiencia de la otra parte, la terminación del proceso, pudiendo condenar al pago de las costas conforme a los criterios establecidos en el artículo 395 de esta Ley. Contra este auto cabrá interponer recurso de apelación***»

Como se puede observar, se amplían las circunstancias de la oposición a la satisfacción de costas, dando lugar a una posible condena en base al art. 395 de la LEC.

Por la importancia que hemos otorgado al art. 32.5 en la Parte I del presente trabajo y su trascendencia, también se hará mención a la modificación establecida:

«5. *Cuando la intervención de abogado y procurador no sea preceptiva, de la eventual condena en costas de la parte contraria a la que se hubiese servido de dichos profesionales se excluirán los derechos y honorarios devengados por los mismos, salvo que el Tribunal aprecie temeridad* ***o abuso del servicio público de Justicia*** *en la conducta del condenado en costas o que el domicilio de la parte representada y defendida esté en partido* *judicial distinto a aquel en que se ha tramitado el juicio, operando en este último caso las limitaciones a que se refiere el apartado 3 del artículo 394 de esta ley. También se excluirán, en todo caso, los derechos devengados por el procurador como consecuencia de aquellas actuaciones de carácter meramente facultativo que hubieran podido ser practicadas por las Oficinas judiciales. En el caso en el que, pese* ***a no ser preceptiva*** *la intervención de abogado o abogada ni de procurador o procuradora,* ***el consumidor opte por valerse de estos profesionales para interponer demanda tras haber formulado una reclamación extrajudicial previa, en la tasación de costas se incluirá la cuenta del procurador y la minuta del abogado, en este último caso sin el límite establecido en el artículo 394.3*** *».*

Importantísima novedad en beneficio de los consumidores la introducida en el último inciso. Como se puede observar, se puede acudir con postulación procesal, aunque no sea preceptiva (siempre que haya habido reclamación judicial previa) y obtener la posibilidad de tasar costas. Y no sólo eso, sino que tampoco regirá el límite del 394.3 LEC, lo que supone todo un espaldarazo al consumidor y un auténtico castigo a las empresas que hagan caso omiso a las reclamaciones extrajudiciales previas. Parece, en principio, un buen acierto del legislador.

La relevancia del trámite de solicitud de exoneración o moderación se encuentra en el apartado 3 del artículo 244, que dice: «*3. Transcurrido el plazo establecido en el apartado 1 sin haber sido impugnada la tasación de costas practicada o* ***sin haberse solicitado la exoneración o reducción de acuerdo con lo previsto en el artículo siguiente,*** *el letrado o la letrada de la Administración de Justicia la aprobará mediante decreto. Contra esta resolución cabe recurso directo de revisión, y contra el auto resolviendo el recurso de revisión no cabe recurso alguno*».

Para el trámite de impugnación modificado me remito a la Parte IV, donde se recoge la nueva redacción vigente a partir del 3 de abril de 2025.

Como se pudo comprobar, el art. 245 recoge la impugnación, se introduce un art. 245 bis donde se regula el trámite y la decisión sobre la solicitud de exoneración o reducción, el art. 246

establece los trámites de impugnación y el art. 247 hace una detallada regulación del abuso público del servicio público de justicia.

Para Martínez de Santos, en un artículo dedicado al Proyecto de 2022, con redacción muy similar a la de hasta ahora, toda la regulación "dificultaba" el trámite de impugnación, al introducir un nuevo incidente dentro del propio incidente. Como dice este autor, el Tribunal Supremo amplió notablemente la posibilidad de moderación de los honorarios de los abogados, pero la tasación sigue siendo trámite esencial del proceso.

Este autor consideraba preocupante en la reforma que tasación se convirtiese en "proceso declarativo abreviado" con el novedoso 245 bis LEC, alejándose del incidente tradicional de indebidas y excesivas; confundiendo la moderación de honorarios (competencia del Letrado de la Administración de Justicia) con un motivo de impugnación y haciendo otro tanto con la exoneración de pago, más propio de la ejecución. También criticaba la introducción en el art. 246 LEC del concepto jurídico indeterminado de abuso del sistema público de Justicia como criterio para imponer costas en el incidente de excesivos (olvidándose de los indebidos) y la multa del art. 247.

Con este sistema, prosigue este Martínez de Santos, se introducen dos nuevos motivos de impugnación: sobre la obligación de pago (exoneración) o sobre la posibilidad de cuestionar genéricamente el resultado (moderación de cuantía). Y, además, es preferente el trámite de exoneración/moderación a las impugnaciones por excesivos o indebidos, que parecen quedar en un segundo plano.

De no aceptarse la exoneración o reducción resuelve el Tribunal mediante auto sin condena en costas. Y dictado este auto se procederá, en su caso, a tramitar impugnación por excesivas o indebidas. Para el autor mencionado, el incidente de exoneración o limitación de cuantía puede ser cualquier cosa menos una impugnación de la tasación porque no se rebate la liquidación sino su resultado. Este autor no entiende por qué hay que examinar de nuevo una cuestión que ya se habrá valorado a la hora de pronunciarse sobre las costas del litigio. Porque cree que lo suyo es que el Juez ya se hubiese pronunciado en sentencia, estableciendo porcentajes para la reducción o directamente la exoneración.

Por otra parte, hay que considerar también que no habría exoneración ni limitación para los gastos que permiten el acceso a la jurisdicción (v.gr. tasa y coste en diarios oficiales) así como las indemnizaciones de testificales (375 LEC).

Después del trámite de exoneración/moderación, en el trámite de impugnación, el Letrado de la Administración de Justicia, tal y como recoge Martínez de Santos, puede aplicar el tercio o moderar, pero ya sería otra moderación después de una judicial. Si se pide informe al Colegio, éste debería informar sobre una tasación posiblemente ya moderada dos veces (por Juez y Letrado de la Administración de Justicia).

En definitiva, Martínez de Santos se encuentra, en líneas generales, en desacuerdo con conceder al condenado una especie de última oportunidad para evitar el pago de las costas "*ignorando además que la tasación se limita a liquidar la condena*".

En cuanto al abuso de derecho es relevante la STS 11 de marzo de 2021 **(TOL8.371.926)** donde menciona que dicho concepto "*se sustenta en la existencia de unos límites de orden moral, teleológico y social que pesan sobre el ejercicio de los derechos, y como institución de equidad exige para poder ser apreciado una actuación aparentemente correcta que, no obstante, representa en realidad una extralimitación a la que la ley no concede protección generando efectos negativos*".

Ahora se utiliza el término "abuso del servicio público de justicia".

4. MODIFICACIONES SOBRE EL PRINCIPIO DEL VENCIMIENTO Y LA CONDENA EN COSTAS. CRÍTICAS AL NUEVO SISTEMA

Otra modificación muy importante viene dada en el art. 394 LEC: "1. *En los procesos declarativos,* ***las costas de la primera instancia***

se impondrán a la parte que haya visto rechazadas todas sus pretensiones, *salvo que el tribunal aprecie, y así lo razone, que el caso presentaba serias dudas de hecho o de derecho. Para apreciar, a efectos de condena en costas, que el caso era jurídicamente dudoso se tendrá en cuenta la jurisprudencia recaída en casos similares. No obstante, cuando la participación en un* ***medio de solución de conflictos sea legalmente preceptiva,*** *o se hubiere acordado, previa conformidad de las partes, por el juez, la jueza o el tribunal o el letrado o la letrada de la Administración de Justicia durante el curso del proceso,* ***no habrá pronunciamiento de costas a favor de aquella parte que hubiere rehusado expresamente o por actos concluyentes****, y sin justa causa, participar en un medio adecuado de solución de controversias al que hubiese sido efectivamente convocado. 2. Si fuere parcial la estimación o desestimación de las pretensiones, cada parte abonará las costas causadas a su instancia y las comunes por mitad, a no ser que hubiere méritos para imponerlas a una de ellas por haber litigado con temeridad. No obstante,* ***si alguna de las partes no hubiere acudido, sin causa que lo justifique, a un medio adecuado de solución de controversias, cuando fuera legalmente preceptivo*** *o así lo hubiera acordado el juez, la jueza o el tribunal o el letrado de la Administración de Justicia durante el proceso, se le podrá condenar al pago de las costas, en decisión debidamente motivada, aun cuando la estimación de la demanda sea parcial. 3. Cuando, en aplicación de lo dispuesto en el apartado 1, se impusieren las costas al litigante vencido, éste sólo estará obligado a pagar, de la parte que corresponda a los abogados y demás profesionales que no estén sujetos a tarifa o arancel,* ***una cantidad total que no exceda de la tercera parte de la cuantía del proceso****, por cada uno de los litigantes que hubieren obtenido tal pronunciamiento; a estos solos efectos, las pretensiones inestimables se valorarán en* ***24.000 euros****, salvo que, en razón de la complejidad del asunto, el tribunal disponga otra cosa. No se aplicará lo dispuesto en el párrafo anterior cuando el tribunal declare la temeridad del litigante condenado en costas. Cuando el condenado en costas sea titular del derecho de asistencia jurídica gratuita, éste únicamente estará obligado a pagar las costas causadas en defensa de la parte contraria en los casos expresamente señalados en la Ley 1/1996, de 10 de enero, de Asistencia Jurídica Gratuita. Cuando la parte beneficiada en costas sea titular del derecho de asistencia jurídica gratuita, las mismas deberán ser abonadas* *a las personas profesionales que se hayan designado para su representación y dirección jurídica, que estarán obligadas a devolver las cantidades eventualmente percibidas con cargo a fondos públicos por su intervención en el proceso. A tales efectos, se comunicará por la Oficina judicial a los colegios profesionales correspondientes dicha circunstancia. 4. Si la parte requerida para iniciar una actividad negociadora previa tendente a evitar el proceso judicial* ***hubiese rehusado intervenir en la misma****, la parte requirente quedará exenta de la condena en costas, salvo que se aprecie un abuso del servicio público de Justicia. En ningún caso se impondrán las costas al Ministerio Fiscal en los procesos en que intervenga como parte."*

Como se puede comprobar, las modificaciones vienen dadas por distintas vías. La principal, la introducción de los MASC a efectos de costas. Se respeta el principio del vencimiento, es decir, el que ha visto vencidas sus pretensiones debe abonar las costas, pero se modula con la introducción de su participación en los MASC. Variables como la no participación en los MASC o la no aceptación de sus resoluciones pueden variar la condena en costas, como se ha podido constatar de la lectura del precepto, "castigando" al renuente a adaptarse a estas soluciones extrajudiciales previas que ha introducido el legislador. En ocasiones no condenando en costas y en otras, por el contrario, condenando. También se refiere el último párrafo al abuso del servicio público de justicia, que también puede hacer condenar en costas a una parte inicialmente exenta de ellas.

También es relevante el aumento de la cuantía a efectos de pretensiones inestimables, de los 18.000 euros que llevaban vigentes desde la aprobación de la Ley en el año 2000 hasta los 24.000 euros que se introducen ahora como "cuantía indeterminada".

El Ilustre Colegio de la Abogacía de Madrid ha criticado duramente la obligatoriedad de acudir a los MASC como requisito de procedibilidad y sus consecuencias sobre las costas. Así, en cuanto el Proyecto llegó al Senado en noviembre de 2024, el Decano, Eugenio Ribón, presentó una serie de propuestas de enmiendas con una cuestión fundamental: "*la eliminación de la condena en costas en caso de no haber acudido a un intento de mediación u otros medios alter-*

nativos de solución de controversias (MASC), algo sobre lo que el ICAM ya alertó durante la tramitación en el Congreso de la norma. El ICAM considera que esta medida, contenida en los artículos 31 y 32 del Proyecto de Ley, supone un obstáculo para la tutela judicial efectiva y los derechos fundamentales de los ciudadanos.

Eugenio Ribón advierte que "imponer costas por no acudir a un MASC no solo desincentiva el legítimo ejercicio de derechos fundamentales, sino que también incrementa la desigualdad procesal y el coste del acceso a la justicia. Reivindicamos que el uso de estos mecanismos sea una opción voluntaria y no una imposición condicionada a sanciones."

Y es que, para el Colegio de la Abogacía madrileño, el sistema que se impone puede suponer una alteración del actual sistema de costas en cuanto que se establece *"que el incumplimiento del requisito de procedibilidad de acudir a un MASC conlleve una condena en costas, lo que el ICAM considera innecesario y perjudicial. Esto supone un cambio respecto al sistema basado en el vencimiento objetivo (principio jurídico que se aplica en la regulación de las costas procesales en los litigios judiciales, según el cual la parte que pierde el caso judicial es quien debe asumir las costas del proceso, incluyendo los gastos de la parte vencedora, como los honorarios de los abogados, Procuradores y peritos, entre otros) y que ya cumple con la función de desincentivar las pretensiones infundadas sin necesidad de imponer cargas adicionales".*

Por otra parte, el propio ICAM duda de que los MASC puedan llegar a ser efectivos si se imponen obligatoriamente: *"estos mecanismos solo son efectivos si ambas partes están dispuestas a utilizarlos de manera voluntaria. Obligar a su uso como requisito previo puede ser contraproducente, generando retrasos y costes adicionales sin asegurar resultados efectivos. La experiencia con la conciliación obligatoria, eliminada en 1984 por su ineficacia, sirve al Colegio madrileño como antecedente para sustentar esta posición".*

Incluso puede tener inconvenientes económicos para el ICAM dicha obligatoriedad, *"especialmente para aquellos ciudadanos con menos recursos: la necesidad de recurrir a terceros neutrales o letrados en una etapa previa al litigio incrementa los gastos, lo que puede dificultar el acceso a la justicia para las personas más vulnerables"*. Y de entorpecimiento de la justicia material: "forzar *a las partes a participar en procesos de mediación en casos donde no existe posibilidad real de negociación efectiva, como en situaciones de incumplimientos contractuales, puede socavar el derecho fundamental de los ciudadanos a obtener una resolución judicial sobre el fondo del asunto"*.

Para terminar de criticar negativamente el sistema impuesto, el ICAM consideraba que *"la obligatoriedad de los MASC podría incentivar conductas estratégicas, como utilizarlos para mejorar posiciones procesales. Esto podría perjudicar especialmente a las partes más vulnerables, como los consumidores enfrentados a entidades con mayor capacidad de negociación, desvirtuando así el propósito inicial de los MASC como herramientas de justicia alternativa"*.

De todos modos, al menos se ha respetado el principio del vencimiento en términos generales, no como en 2018, cuando una iniciativa quiso eliminarlo.

La reforma de las costas procesales y el principio del vencimiento que se planteó en 2018 no llegó, afortunadamente, a buen puerto. Así recogía la noticia el diario Cinco Días (edición del 26 de febrero de 2018):

"Los puntos de partida son antagónicos. Según los socialistas, el actual sistema (basado en que el que pierde paga) supone un límite para acceder a la justicia que afecta especialmente a los más desfavorecidos, por lo que proponen que la condena en costas dependa de que el juez aprecie temeridad o mala fe en la parte que pierde el litigio.

El texto presentado por los socialistas no convence ni al PP, que dice que provocaría un aumento de la litigiosidad perjudicial para la justicia, ni a Ciudadanos, que ve peligrar la seguridad jurídica de los litigantes, que, con el actual sistema tienen claro que, si pierden, pagan".

No cabe duda que el sistema presentado tenía sus peligros. Bajo una pretendida ventaja para litigar sin que pudiese haber condena en costas, se daría también la situación de no poder resarcirse de las costas en el caso de vencimiento, lo que, sin duda, también es un verdadero desincentivo para acudir a la Justicia, además de una injusticia. No parece muy injusto, desde luego que el que pierda pague (con todas las excepciones que se quiera).

Continuaba la noticia: *"Por su parte, el grupo de Unidos Podemos, que votó en contra de la propuesta, prepara ya las enmiendas al articulado en la línea de mantener el actual criterio de vencimiento, aunque incorporando alguna excepción, especialmente cuando se trate de litigios con consumidores, como confirma el diputado Jaume Moya. (...) La polémica reforma también tiene enfrentado al mundo jurídico, cuyos profesionales ya han manifestado sus discrepancias respecto a la solución propuesta sobre el pago de las costas. Según han advertido ya desde el sector, el cambio de criterio del vencimiento por el de temeridad provocará, en la práctica, que la condena en costas sea excepcional, y que cada parte tenga que correr con sus propios gastos, acercándonos al sistema de la "american rule" estadounidense. Los abogados no dejarán de cobrar sus minutas, pero ya no podrán resarcirse de la parte vencida, y el perjudicado será el cliente".*

Como se ha mencionado, felizmente dicha reforma no se llevó a efecto, pues las distorsiones para acceder a los Tribunales habrían sido muy relevantes. En definitiva, si lo normal pasara a ser que —si quiero acudir a la justicia—tenga que pagar sí o sí a mis profesionales, aunque venza el juicio, no parece —como se ha comentado— muy justo ni precisamente el modo de favorecer que se acceda a la Justicia.

Los MASC también tienen relevancia en el nuevo artículo 395 LEC, para introducir de nuevo los conceptos de la mala fe o el abuso del servicio público de justicia:

"1. *Si el demandado se allanare a la demanda antes de contestarla, no procederá la imposición de costas salvo que el tribunal, razonándolo debidamente, aprecie* ***mala fe*** *en su conducta o abuso del servicio público de Justicia. Se entenderá que existe mala fe a estos efectos cuando, antes de presentada la demanda, se hubiese requerido al demandado para el cumplimiento de la obligación de forma fehaciente y justificada, o cuando hubiese rechazado el acuerdo ofrecido o la participación en un medio adecuado de solución de controversias». (...) «3. Si la parte demandada no* *hubiere acudido, sin causa que lo justifique, a un medio adecuado de solución de controversias, cuando fuera legalmente preceptivo o así lo hubiera acordado el juez, la jueza o el tribunal o el letrado o la letrada de la Administración de Justicia durante el proceso y luego se allanare a la demanda, se le condenará en costas, salvo que el tribunal, en decisión debidamente motivada, aprecie circunstancias excepcionales para no imponérselas».*

Como se puede observar, de nuevo se considera mala fe en relación a los MASC, rechazar el acuerdo ofrecido o directamente no participar.

5. OTROS CAMBIOS SOBRE COSTAS DE LA LEGISLACIÓN PROCESAL CIVIL

En materia de medidas cautelares el legislador también introduce la relación entre costas y MASC. Así, con la modificación del 730.2 LEC: "*Podrán también solicitarse medidas cautelares antes de la demanda si quien en ese momento las pide alega y acredita razones de urgencia o necesidad. En este caso, las medidas que se hubieran acordado quedarán sin efecto* ***si la demanda no se presentare*** *ante el mismo tribunal que conoció de la solicitud de aquéllas en los* ***veinte*** *días siguientes a su adopción. El* ***letrado o letrada*** *de la Administración de Justicia, de oficio, acordará mediante decreto que se alcen o revoquen los actos de cumplimiento que hubieran sido realizados,* ***condenará al solicitante en las costas y declarará que es responsable de los daños y perjuicios que haya producido al sujeto respecto del cual se adoptaron las medidas.*** *Cuando las medidas cautelares se hubieren acordado* ***antes del inicio de un procedimiento de solución adecuada de controversias o durante su pendencia, alcanzado el acuerdo éste habrá de ser puesto de manifiesto ante el tribunal.*** *En este acuerdo las partes deberán pronunciarse sobre el alzamiento, mantenimiento o modificación de las medidas cautelares adoptadas. Si ambas partes solicitan el alzamiento se ordenará por el letrado o la letrada de la Administración de Justicia. En otro caso, se dará cuenta al tribunal que, oídas las partes, resolverá lo procedente atendiendo a las circunstancias concurrentes. Si se hubiese* ***practicado anotación preventiva de inicio de un procedimiento de solución extrajudicial, la anotación de demanda***

en el mismo asunto producirá sus efectos desde la fecha de la anotación vigente del procedimiento de solución extrajudicial. *Las partes podrán solicitar el alzamiento de las medidas cautelares ante el tribunal competente en el plazo de veinte días desde la terminación del proceso negociador sin acuerdo o desde la fecha de recepción de la propuesta por la parte requerida en caso de que dicha propuesta inicial de acuerdo no obtenga respuesta".*

Es destacable que se considere "medida cautelar" la anotación preventiva de inicio de un procedimiento de solución extrajudicial. También es importante la previsión de solicitud de medidas cautelares antes o durante la pendencia de un MASC, con las consecuencias que conlleva según el resultado del mismo. Novedades que vienen a ratificar la importancia que el legislador ha querido darle a este tipo de soluciones extrajudiciales.

La L.O. 1/2025 también modifica otras leyes que afectan a las costas. Muy clarificadora ha sido la reforma del art. 36.1 de la Ley 1/1996, de 10 de enero, de Asistencia Jurídica Gratuita. Veamos: la redacción vigente hasta el 2 de abril de 2025 establece:

"Si en la resolución que ponga fin al proceso hubiera pronunciamiento sobre costas, a favor de quien obtuvo el reconocimiento del derecho a la asistencia jurídica gratuita o de quien lo tuviera legalmente reconocido, deberá la parte contraria abonar las costas causadas en la defensa y representación de aquélla"

Sin embargo, la nueva redacción en vigor desde el 3 de abril de 2025 viene a recoger lo que ya se aplicaba de hecho, entre otras cosas, porque ya se había producido jurisprudencia sobre la materia dadas las dudas ocasionadas por el tenor del artículo anterior: Así se establece que: "*1. Si en la resolución que ponga fin al proceso hubiera pronunciamiento sobre costas, a favor de quien obtuvo el reconocimiento del derecho a la asistencia jurídica gratuita o de quien lo tuviera legalmente reconocido, deberá la parte contraria abonar las costas causadas en la defensa y representación de aquella,* ***debiendo ser abonadas directamente a las personas profesionales que se hayan designado para su representación y dirección jurídica, quienes estarán legitimadas para instar su tasación y que estarán obligadas a devolver las cantidades***

eventualmente percibidas con cargo a fondos públicos por su intervención en el proceso. A tales efectos, se comunicará por la Oficina judicial a los colegios profesionales correspondientes dicha circunstancia»-

Por tanto, como se puede observar, el nuevo añadido al apartado 1 del art. 36 legitima a los profesionales directamente a instar la tasación (con la obligación de devolver los fondos públicos ya recibidos) y la Oficina Judicial recibe la obligación de comunicar al Colegio dicha circunstancia. Novedad positiva que clarificará, sin duda, y que se consideraba muy necesaria.

Parte VI

Condena en costas y revisión del principio del vencimiento por la jurisprudencia. Modificaciones legislativas

Como modulación del principio del vencimiento es de destacar la importantísima Sentencia del Tribunal Constitucional (Sala Primera) 91/2023, de 11 de septiembre de 2023 (**TOL9.714.097)** proveniente del Recurso de amparo 5905-2020 (BOE de 12 de octubre de 2023), promovida por tres Abogados del Servicio de Orientación Jurídica Hipotecario del ICAM. Así, el TC determinó que las entidades bancarias que pierdan un pleito contra un consumidor por haber introducido cláusulas abusivas en su hipoteca deberán asumir las costas del procedimiento judicial. Los Letrados del SOJ asumieron la dirección letrada en el caso de unos menores de edad que habían heredado una deuda hipotecaria tras el fallecimiento de su progenitor. Los tres Letrados, contactados por la madre de los menores, actuaron en este caso con expresa renuncia de honorarios, de manera que los justiciables pudieran litigar con procurador de oficio y sin riesgo de sufrir una eventual condena en costas. Los Abogados, inicialmente interpusieron una demanda previa contra la aseguradora impuesta por la entidad bancaria, con objeto de que esta se hiciera cargo de la devolución al banco del préstamo pendiente de amortizar, al haber fallecido el prestatario en un accidente laboral —que daba lugar a la indemnización fijada en el seguro— y siendo sus herederos menores de edad. Posteriormente, los menores recibieron una demanda de ejecución hipotecaria en la que el banco declaraba vencido el préstamo por el impago de cinco cuotas. Ante dicha demanda, la defensa logró la suspensión del procedimiento por prejudicialidad civil, en tanto se resolviera el procedimiento previo contra la aseguradora. Se obtuvo sentencia estimatoria en el primer procedimiento, y habiendo sido apreciada la abusividad de varias cláusulas en la escritura de préstamo hipotecario, los letrados lograron el sobreseimiento y archivo del procedimiento de ejecución hipotecaria.

Pero faltaba un detalle importante, que es el que aquí nos interesa. En la ejecución hipotecaria, cuando se dictó el auto de sobreseimiento, no se condenó al banco en costas porque no todas las cláusulas invocadas como abusivas fueron declaradas como tales, entendiendo además el Juez que, dada la cambiante jurisprudencia en la materia, existían serias dudas de derecho.

De este modo, se decidió recurrir la falta de pronunciamiento expreso sobre costas, agotando todas las instancias judiciales hasta llegar al Tribunal Constitucional, que aceptó a trámite la demanda de amparo al considerar acreditado el requisito de la especial trascendencia constitucional. Y en su sentencia estimatoria, que ha tenido como ponente a Cándido Conde Pumpido, el Tribunal Constitucional declaraba vulnerado el derecho a la tutela judicial efectiva en su vertiente de acceso a la justicia, considerando que la no condena en costas de la entidad bancaria en los procedimientos de ejecución hipotecaria en los que hay una estimación parcial de la oposición por apreciación de cláusulas abusivas, es contrario al derecho a la tutela judicial efectiva en su vertiente de acceso a la justicia, ya que puede disuadir a los usuarios de promover litigios por cantidades de escasa cuantía. Además, el Constitucional considera indiferente, a efectos de condena en costas, que el justiciable haya litigado de oficio, tal y como pretendía la entidad bancaria. Los efectos de esta resolución, aprobada por unanimidad, se proyectan "*sobre todos aquellos consumidores que vienen planteando en numerosos procesos civiles la supuesta abusividad de ciertas cláusulas recogidas en los contratos celebrados entre consumidores y entidades bancarias, cuestión ésta que ha dado lugar a diversas intervenciones legislativas expresas dirigidas a la protección de los primeros*". Por tanto, tenemos una sentencia muy importante que modula el principio de la estimación parcial. Es decir, puede haber condena en costas al banco a pesar de que las pretensiones de la otra parte no se hayan estimado completamente, sino solo parcialmente.

Una reciente sentencia de la Audiencia Provincial de Cádiz de 14 de enero de 2025 (*referenciada por Economist & Jurist)* viene a confirmar dichas tesis, condenando al Banco en costas, incluso en casos de estimación parcial, en defensa del principio de efectividad y protección del consumidor.

La doctrina se contiene en sentencia del TJUE de 16 de julio de 2020 (**TOL8.010.114).**

Y es que, de acuerdo con la tantas veces mencionada Directiva 93/13/CEE, se protege a los consumidores frente a las prácticas contractuales desleales, y así se garantiza que acudan a los Tribunales sin el miedo a que se les repercutan costos adicionales.

En este supuesto, todo surgió de una sentencia del Juzgado de Primera Instancia n.º 5 de Cádiz que declaró nulas las cláusulas y condeno al Banco a la devolución de las cantidades cobradas de forma indebida. El Banco recurrió y se le volvió a condenar por la Audiencia Provincial, con condena en costas tanto en primera como en segunda instancia a pesar de la estimación parcial de ciertas cláusulas.

Achón Bruñén critica el olvido del legislador al no incluir en el nuevo art. 394.2 LEC dimanante de la L.O. 1/2025 la doctrina del TJUE y TS sobre asuntos de consumidores y usuarios que hemos estado analizado. En conclusión, una vez declarada la nulidad de una cláusula abusiva, no se puede condicionar el resultado de la distribución de las costas únicamente a las cantidades indebidamente pagadas, y cuya restitución se ordena, porque esto puede disuadir a los consumidores. Por lo tanto, y coincidimos con la autora reseñada, debería haberse incorporado al texto legal en términos generales.

Por último, cabría comentar que el Real Decreto 6/2023 también modificó en materia de costas un artículo relevante, el 398 LEC, con la siguiente redacción:

Art. 398 LEC:

1. ***En los casos de un recurso de apelación, en cuanto a las costas del recurso, se aplicará lo dispuesto en el artículo 394.***

2. La desestimación total del recurso de casación llevará aparejada la imposición de costas a la parte recurrente, salvo que la Sala aprecie circunstancias especiales que justifiquen otro pronunciamiento.

3. Si el recurso de casación fuere estimado total o parcialmente, no se impondrán las costas a ninguna de las partes.

Redacción anterior al Real Decreto Ley 6/2023:

1. Cuando sean desestimadas todas las pretensiones de un recurso de apelación, extraordinario por infracción procesal o casación, se aplicará, en cuanto a las costas del recurso, lo dispuesto en el artículo 394.

2. ***En caso de estimación total o parcial de un recurso de apelación, extraordinario por infracción procesal o casación, no se condenará en las costas de dicho recurso a ninguno de los litigantes.***

La consecuencia principal de dicha modificación es discutible. Pongamos por caso una demanda civil que es estimada en primera instancia. Con la redacción vigente hasta el 19 de marzo de 2024, si tras el recurso de apelación, había desestimación de la demanda en segunda instancia, no podía haber condena en costas al que había ganado la Sentencia por la primera instancia. A partir de la reforma, para los asuntos que hayan entrado en Decanato a partir del 20 de marzo de 2024, en el supuesto expuesto, al que le desestiman la demanda en segunda instancia también le pueden imponer las costas. Téngase en cuenta que la regulación anterior tenía una clara finalidad: la Sentencia de primera instancia, aunque con fallo contrario a la de apelación, tenía una fundamentación jurídica de base, por lo que, por mucho que la Audiencia pueda revocar una resolución, llevar las consecuencias del principio del vencimiento a ese extremo puede ser puesto en duda.

A modo de conclusión

A lo largo de las páginas del presente trabajo se ha intentado mostrar la situación actual de la materia de costas procesales desde distintos puntos de vista y la confusión existente tanto en el momento de la tasación como del trámite de impugnación. Todo ello se espera clarificar con nuevas normas, como la ya vigente Ley Orgánica del Derecho de Defensa y la posibilidad de que los Colegios de la Abogacía puedan volver a publicar sin cortapisas Criterios, y sin temor a vulnerar reglas sobre competencia. Sin embargo, tal como hemos argumentado, habrá que esperar a ver cómo se pronuncian los Tribunales si se vuelven a impugnar dichos Criterios. Lo principal es que se pueda llegar a tener en cuenta, de una vez por todas, que el ciudadano (que puede llegar a ser condenado en costas) debe gozar de una seguridad jurídica desde el inicio del procedimiento para saber cuánto le pueden suponer las costas del proceso si las cosas no salen como a él le gustaría. Es decir, no cabe vulnerar reglas de competencia en materias que no se puede elegir: el condenado en costas, por mucho que se argumente, no elige a los profesionales de la contraparte, y, por ello, no elige en el mercado. Le vienen impuestos esos profesionales, y deben existir unas reglas claras y precisas sobre a qué puede atenerse. Está por ver si la nueva regulación sirve para ello, aunque parece que los Colegios de la Abogacía sí están esperanzados en que así sea.

Por otra parte, también se debe ir clarificando el concepto de tasación excesiva relacionada con la cuantía del proceso y las tesis que imponen minutas por parte de los órganos jurisdiccionales al mero parecer de cada uno, más allá del los Criterios orientadores o del tercio de la cuantía. Delicado e inestable asunto en la actualidad.

Y en cuanto a otro de los temas principales de este libro, la incidencia de la Ley Orgánica de Eficiencia del Servicio Público de Justicia en la materia de costas, habrá que también ir comprobando hasta qué punto los MASC tienen éxito y no sirven para entorpecer el acceso a los Tribunales, tal como denunciaba el ICAM: "*El ICAM reitera su compromiso con una justicia eficiente, accesible y equitativa, pero advierte que la obligatoriedad de los MASC y su vinculación a la condena en costas podría convertirse en una barrera para el acceso a los tribunales. Por ello, solicitamos a los Grupos Parlamentarios en el Senado una reflexión profunda para preservar los derechos fundamentales y la tutela judicial efectiva*". Como el Congreso de los Diputados levantó el veto del Senado y se aprobó la Ley tal como salió del primero, el requisito de procedibilidad ha quedado impuesto y veremos cómo se comporta. Habrá que comprobar si efectivamente se aúnan eficiencia con justicia. Todo ello, unido a la completa transformación de la planta orgánica con la llegada de los Tribunales de Instancia, no supone un reto pequeño. En materia de costas, la vinculación con los MASC y su eficacia es evidente. Toda condena en costas girará en torno a lo que ocurrió en el transcurso del MASC, tanto si fue útil como si no lo fue.

Por todo ello, nos espera una etapa judicialmente incierta en general y también en la materia de costas que nos ha ocupado en estas páginas, que habrá que observar con mucho detalle para ir analizando la aplicación práctica que se haga e ir aprendiendo de los errores que se puedan ir cometiendo por parte de todos los que estamos involucrados en el mundo del Derecho procesal. Como se suele decir, un auténtico reto y una verdadera oportunidad para procurar, entre todos, la mejora de la Justicia que tanto se ansía.

Anexo I. Referencias bibliográficas

Achón Bruñén, M.J. (2023). "Problemas que va a suscitar la nueva regulación de las costas procesales prevista en la futura ley de medidas de eficiencia procesal". *Diario La Ley,* (10218).

Achón Bruñén, M.J. (2025). "Análisis crítico de los numerosos problemas prácticos que puede ocasionar la nueva regulación de las costas procesales civiles introducida por la Ley 1/2025, de 2 de enero". *Diario La Ley,* (10652).

Belloso Martín, N. (2023) "Los medios adecuados de solución de conflictos (MASC) en el Proyecto de Ley de Medidas de Eficiencia Procesal del Servicio Público de Justicia. Novedades y retos pendientes en un contexto de justicia deliberativa". En Calaza López; López Yagües; Ordeñana Geruzaga (dirs.). *Medios Adecuados de Solución de Controversias. Eficiencia procesal de las personas físicas y jurídicas.* La Ley.

Blázquez Martín, R (2023). "La fijación de la cuantía del procedimiento y otros temas con incidencia sobre las costas procesales en la reciente jurisprudencia de la Sala Primera del Tribunal Supremo". *Diario La Ley,* (10405).

Cabrera, G.; García, J.A. "El Tribunal Supremo cambia las reglas para la determinación de las costas procesales". *Diario La Ley,* (10372).

Comisión Nacional de los Mercados y de la Competencia (2025). "La CNMC multa al Ilustre Colegio de Abogados de Barcelona por incumplir sus resoluciones". https://www.cnmc.es/prensa/multa-ilustre-colegio-abogados-barcelona Recuperado el 28 de enero de 2025.

Confilegal (2017). "Liberbank y Banco Castilla-La Mancha demandados por imponer "sus aranceles" a los Procuradores". 15 de enero de 2017. https://confilegal.com/20170115-lieberbank-banco-castilla-la-mancha-demandados-imponer-aranceles-los-Procuradores. Recuperado el 30 de enero de 2025

Confilegal (2023). "LAJ defiende los honorarios de un abogado frente al ICAVigo, que pretendía reducir su minuta de 1700 euros a 840". 9 de noviembre de 2023. https://confilegal.com/20231109-laj-defiende-los-honorarios-de-un-abogado-frente-al-icavigo-que-pretendia-reducir-su-minuta-de-1-700-euros-a-840/#:~:text=El%20letrado%20de%20la%20

Administraci%C3%B3n,frente%20a%20los%201.760%20euros Recuperado el 30 de enero de 2025.

Confilegal (2023). "Un abogado lleva al TC la resolución de una LAJ que le reduce de oficio las costas a más de la mitad". 20 de septiembre de 2023. https://confilegal.com/20230920-un-abogado-lleva-al-tc-la-resolucion-de-una-laj-que-le-reduce-de-oficio-las-costas-a-mas-de-la-mitad/. Recuperado el 30 de enero de 2025.

Confilegal (2023). "Un magistrado mantiene la minuta de honorarios de un abogado que una LAJ había reducido a menos de un tercio". 8 de marzo de 2023. https://confilegal.com/20230308-un-magistrado-mantiene-la-minuta-de-honorarios-de-un-abogado-que-una-laj-habia-reducido-a-menos-de-un-tercio/. Recuperado el 30 de enero de 2025.

Confilegal (2024). "La Ley del Derecho de Defensa anula la base de la sanción de la CNMC al ICAB por las costas procesales, según el presidente del CGAE". 14 de noviembre de 2024. https://confilegal.com/20241114-la-ley-del-derecho-de-defensa-anula-la-base-de-la-sancion-de-la-cnmc-al-icab-por-las-costas-procesales-segun-el-presidente-del-cgae/. Recuperado el 30 de enero de 2025.

Confilegal (2025). "La condena en costas por cláusulas abusivas se afianza con la doctrina del TJUE: el Sabadell condenado a pagar". https://confilegal.com/20250119-la-condena-en-costas-por-clausulas-abusivas-se-afianza-con-la-doctrina-del-tjue-el-sabadell-condenado-a-pagar/ Recuperado el 30 de enero de 2025.

Consejo General de Procuradores de España. (2015). https://badajoz.procurweb.es/documentos/ARANCEL_COMENTADO.pdf
Recuperado el 30 de enero de 2025.

Damas Almagro, S. (2024). "Diálogos para el futuro judicial XC. La Ley Orgánica del Derecho de Defensa". *Diario La Ley*, (10617).

Economist & Jurist (2025). "La estimación parcial conlleva costas en los pleitos de las condiciones generales de la contratación.La AP de Cádiz confirma la condena en costas al Sabadell y le impone también las de segunda instancia". https://www.economistjurist.es/actualidad-juridica/jurisprudencia/la-estimacion-parcial-conlleva-costas-en-los-pleitos-de-las-condiciones-generales-de-la-contratacion/
Recuperado el 30 de enero de 2025.

ElDerecho.com (2023). "Consideraciones del ICAM a la STS de diciembre de 2022". 20 de enero de 2023. https://elderecho.com/consideraciones-icam-sentencia-tribunal-supremo-multa-cnmc. Recuperado el 30 de enero de 2025.

González Martín, S. (2024). "Diálogos para el futuro judicial XC. La Ley Orgánica del Derecho de Defensa". *Diario La Ley,* (10617).

Iberley (2023). "El TS confirma la sanción al Colegio de Abogados de Zaragoza por elaborar y difundir una recomendación colectiva de honorarios". 4 de octubre de 2023. https://www.iberley.es/noticias/confirmada-sancion-impuesta-colegio-abogados-zaragoza-recomendacion-honorarios-32813. Recuperado el 30 de enero de 2025.

Ilustre Colegio de Abogados de Barcelona (2024). "Nota informativa a las personas colegiadas en el ICAB". 2 de octubre de 2024. https://www.icab.es/es/actualidad/noticias/noticia/Nota-informativa-a-las-personas-colegiadas-en-el-ICAB/ Recuperado el 25 de enero de 2025.

Ilustre Colegio de la Abogacía de Madrid (2023). "Avance de consideraciones STS 23 de diciembre de 2022". 19 de enero de 2023. https://web.icam.es/wp-content/uploads/2023/01/2023.01.19-Avance-de-consideraciones-STS-23-de-diciembre-de-2022.pdf. Recuperado el 30 de enero de 2025.

Ilustre Colegio de la Abogacía de Madrid (2024). "El ICAM solicita la supresión de la condena en costas por no acudir a Medios Alternativos de Solución de Controversias (MASC)". 25 de noviembre de 2024. https://web.icam.es/el-icam-solicita-la-supresion-de-la-condena-en-costas-por-no-acudir-a-medios-alternativos-de-solucion-de-controversias-masc/. Recuperado el 30 de enero de 2025.

Ilustre Colegio de la Abogacía de Madrid (2024). "Nueva Ley del Derecho de Defensa: Ahora se podrá saber cuánto costará un juicio antes de empezar". 17 de noviembre de 2024. https://web.icam.es/nueva-ley-del-derecho-defensa-ahora-se-podra-saber-cuanto-costara-un-juicio-antes-de-empezar/ Recuperado el 30 de enero de 2025.

Ilustre Colegio de la Abogacía de Madrid (2024). "Valoración del ICAM: 10 claves de la nueva Ley Orgánica del Derecho de Defensa". 14 de noviembre de 2024. https://web.icam.es/claves-icam-ley-organica-del-derecho-de-defensa/ Recuperado el 30 de enero de 2025.

Llácer Bosbach, A.M. (2021) "Idas y venidas en la tasación de los honorarios de abogados". *Legaltoday.*

Ludeña Benítez, Ó.D. (2010). "Minuta del Letrado y tasación de costas: cuestiones actuales y jurisprudencia en 2010". *Noticias Jurídicas.*

Martín Contreras, L. (2015). *Las costas procesales.* Bosch.

Martínez de Santos, A. (2017). *La práctica de la tasación de costas en el proceso civil.* La Ley.

Martínez de Santos, A. (2021). "La regulación de la tasación de costas en el Anteproyecto de Ley de Medidas de Eficiencia Procesal del Servicio

Público de Justicia (arts. 244,245, 245 bis y 246) y de la multa del art. 247 LEC". *Práctica de Tribunales,* (151).

Martínez de Santos, A. (2023). "Comentarios apresurados sobre la próxima desaparición de la tasación de costas". *Diario La Ley,* (10221).

Martínez de Santos, A. (2023). *Tasación de costas civil: liquidación, impugnación y ejecución.* La Ley.

Martínez de Santos, A. (2024). "Una lectura del Arancel de derechos de la Procura (Real Decreto 434/2024)". *Diario La Ley,* (10524).

Martínez de Santos, A. (2025). "Las novedades en materia de costas en Ley Orgánica 1/2025, de 2 de enero, de medidas de eficiencia del Servicio Público de Justicia". *Diario La Ley* (10649).

Martínez García, A; Cremades López de Teruel, F.J.; Romero Pérez, M.M.; Castillo Martínez, C.C. (2014). *Costas y gastos procesales. Cuando el Tribunal Supremo miró a Europa. La tasación de costas "a la sombra" de los criterios de la Sala Primera del Tribunal Supremo.* Tirant lo Blanch.

Martínez González, M.; Pedrosa Preciado, L. (2012). *Manual práctico sobre la Tasación de Costas Procesales.* Ediciones Experiencia.

Perán, J. (2023). "Criterios de honorarios, tasación de costas, jura de cuentas y libre competencia". Firmas. *Confilegal,* 13 de marzo de 2023.

Perea González, Á. (2023). "La Sentencia del Tribunal Supremo (Sala 3.ª) de 19 de diciembre de 2022: Adiós a los criterios orientativos... ¿Y ahora qué ocurre con las tasaciones de costas?". *Diario La Ley,* (10296).

Pérez de la Cruz, J.F. (2024). "Diálogos para el futuro judicial XC. La Ley Orgánica del Derecho de Defensa". *Diario La Ley,* (10617).

Ribón Seisdedos, E. (2024). "Diálogos para el futuro judicial XC. La Ley Orgánica del Derecho de Defensa". *Diario La Ley,* (10617).

Sánchez García, J.M. (2024). "Diálogos para el futuro judicial XC. La Ley Orgánica del Derecho de Defensa". *Diario La Ley,* (10617).

Tribunal Superior de Justicia de la Región de Murcia (2021). "Circular 1/2021, de 23 de abril, Sobre unificación de criterios en materia de costas procesales en la jurisdicción civil". https://www.poderjudicial.es/cgpj/es/Poder-Judicial/Tribunales-Superiores-de-Justicia/TSJ-Region-de-Murcia/Actividad-del-TSJ-Region-de-Murcia/Otros-documentos/Circulares/Circular-SG-TSJ-MU-1-2021--de-23-de-abril--Sobre-unificacion-de-criterios-en-materia-de-costas-procesales-en-la-jurisdiccion-civil. Recuperado el 30 de enero de 2025.

Vila Chirinós, A. "El atasco provocado en los juzgados de condiciones generales de la contratación, las costas y posibles soluciones". *Diario La Ley,* (10468).

Anexo II. Jurisprudencia referenciada

— STS de 3 de febrero de 1998 **(TOL3.402.100)**
— STS de 7 de octubre de 1988 **(TOL1.734.419)**
— STC 28/1990, de 26 de febrero **(TOL80.321)**
— STS de 11 de noviembre de 1997 **(TOL216.427)**
— STS de 18 de abril de 2000 **(TOL169.911)**
— STJUE de 19 de febrero de 2002 **(TOL120.596)**
— SAP Tarragona de 5 de mayo de 2003 **(TOL321.527)**
— SAP Huelva de 20 de abril de 2005 **(TOL655.924)**
— SAP Pontevedra de 31 de enero de 2006 **(TOL830.870)**
— SAP Las Palmas de 6 de abril de 2006 **(TOL6.390.555)**
— STJUE de 5 de diciembre de 2006 (**TOL1.083.233**)
— SAP Valladolid de 12 de enero de 2007 (**TOL1.507.492**)
— STS de 20 de septiembre de 2007 (**TOL1.146.772**)
— AAP Madrid de 1 de octubre de 2007 (**TOL7.421.103**)
— STC 253/2007, de 17 de diciembre (**TOL1.228.665**)
— AAP Madrid de 28 de diciembre de 2007 (**TOL7.413.786**)
— AAP Castellón de 29 de enero de 2008 (**TOL7.240.642**)
— STS de 20 de abril 2009 (**TOL3.398.244**)
— SAP Asturias de 10 de diciembre de 2009 (**TOL1.770.747**)
— ATS de 1 de junio de 2010 (**TOL3.462.482**)
— SAP Alicante de 13 de septiembre de 2010 (**TOL1.992.314**)
— SAP Granada de 14 de enero de 2011 (**TOL2.161.235**)
— SAP Asturias de 21 de enero de 2011 (**TOL2.078.177**)
— AAP Madrid de 22 de febrero de 2011. (**TOL2.112.248**)
— ATS de 15 de abril de 2011 (**TOL2.304.519**)
— ATS de 3 de mayo de 2011 (**TOL2.139.980**)
— STS de 19 de julio de 2011 (**TOL2.458.225**)
— ATS de 28 de enero de 2014 (**TOL4.935.875**)

— SAP Málaga de 31 de marzo de 2014 (**TOL4.416.101**)
— ATS de 13 de abril de 2016 (**TOL5.693.966**)
— ATS de 20 de julio de 2016 (**TOL5.785.733**)
— STJUE de 8 de diciembre de 2016 (**TOL5.902.188**)
— ATS de 15 de marzo de 2017 (**TOL6.011.596**)
— AAP Madrid de 14 de junio de 2017 (**TOL6.247.871**)
— STC de 14 de marzo de 2019 (**TOL7.153.724**)
— STJUE de 16 de julio de 2020 (**TOL8.010.114**)
— ATS de 15 de septiembre de 2020 (**TOL8.080.077**)
— ATS de 22 de diciembre de 2020 (**TOL8.251.468**)
— STS 11 de marzo de 2021 (**TOL8.371.926**)
— STSJ Aragón de 17 de mayo de 2021 (**TOL8.646.173**)
— AAP Salamanca de 10 de junio de 2021 (**TOL8.554.028**)
— SAN de 20 de julio de 2021 (**TOL8.539.331**)
— STJUE de 7 de abril de 2022 (**TOL8.902.980**)
— STS de 19 de diciembre de 2022 (**TOL9.356.688**)
— STS de 23 de diciembre de 2022 (**TOL9.365.321**)
— STS 1213/2023, de 25 de julio (**TOL9.662.596**)
— STC 91/2023, de 11 de septiembre (**TOL9.714.097**)
— STS de 18 de septiembre de 2023 (**TOL9.723.455**)
— STS de 27 de octubre de 2023 (**TOL9.763.881**)
— AAP Valencia de 19 de diciembre de 2023 (**TOL9.952.588**)
— STS 6 de febrero de 2024 (**TOL9.881.238**)
— STS de 9 de abril de 2024 (**TOL9.975.513**)
— STS de 9 de abril de 2024 (**TOL9.979.171**)
— ATS de 16 de abril de 2024 (**TOL9.982.438**)
— STS 20 de diciembre de 2024 (**TOL10.331.515**)
— SAP Cádiz de 14 de enero de 2025, **referenciada por Economist & Jurist (ver Anexo de referencias bibliográficas)**

Anexo III.
Índice de formularios

FORME PERICIAL, QUE SEGÚN LA PARTE IMPUGNANTE FUE INÚTIL PARA LA RESOLUCIÓN DEL PLEITO

— *F.10 MODELO DE DECRETO RESOLVIENDO UNA IMPUGNACIÓN DE TASACIÓN DE COSTAS POR INDEBIDAS POR HABERSE INCLUIDO EL ART. 5.1 DEL ARANCEL DE LOS PROCURADORES DEL RD 1373/2003 (ACTUAL ART. 8.1. DEL ARANCEL DEL RD 434/2024); Y UNA IMPUGNACIÓN POR EXCESIVAS POR TASAR POR CUANTÍA INDETERMINADA*

— *F.11 MODELO DE DECRETO RESOLVIENDO UNA IMPUGNACIÓN DE TASACIÓN DE COSTAS POR EXCESIVAS POR HABERSE TASADO SOBRE UNA CUANTÍA QUE NO CORRESPONDE CON LA REAL DEL PLEITO Y TENIENDO EN CUENTA EL ESFUERZO REALIZADO Y LA COMPLEJIDAD*

— *F.12 MODELO DE DICTAMEN DEL COLEGIO DE LA ABOGACÍA ANTERIOR A LA RESOLUCIÓN DEFINITIVA DE UNA IMPUGNACIÓN DE TASACIÓN DE COSTAS POR EXCESIVAS*

— *F.13 MODELO DE DECRETO RESOLVIENDO UNA IMPUGNACIÓN DE TASACIÓN DE COSTAS POR EXCESIVAS POR NO TENER EN CUENTA LA FASE PROCESAL EN LA QUE SE TERMINÓ EL PROCEDIMIENTO Y LA COMPLEJIDAD Y ESFUERZOS REALIZADOS*

— *F.14 MODELO DE AUTO RESOLVIENDO UN RECURSO DE REVISIÓN CONTRA EL DECRETO QUE DESESTIMA UNA IMPUGNACIÓN DE COSTAS POR EXCESIVAS*

Anexo IV. Esquemas

ESQUEMA 1. IMPUGNACIÓN DE TASACIÓN DE COSTAS SÓLO POR INDEBIDAS (Asuntos en tramitación con entrada en Decanato/SCPAG hasta del 2 de abril de 2025)

— Regulada en los arts. 245 y 246.4 LEC.

— Una vez practicada la tasación por el Letrado de la Administración de Justicia (art. 243 LEC).

- o Traslado a las partes por 10 días para posible impugnación (art. 244.1 LEC)
  - Si se entiende que se han incluido partidas indebidas o se han excluido partidas debidas... s e presenta IMPUGNACIÓN POR INDEBIDAS.

    (Frecuente en impugnación de Procuradores, que funcionan mediante Arancel aunque también se puede presentar frente a Abogados)
  - Letrado de la Administración de Justicia abre pieza de incidente de IMPUGNACIÓN POR INDEBIDAS.
  - Art. 246.4 LEC, traslado a la otra parte, 3 días para que se pronuncie.
  - Letrado de la Administración de Justicia resuelve con DECRETO (numerado)
    - o Costas: no previstas expresamente pero puede ser de aplicación general el principio del vencimiento, art. 394 LEC. (Existe controversia).
  - Posible recurso de revisión. Contra éste no cabe recurso alguno.

— Se aprueba definitivamente la tasación mediante testimonio de la resolución del incidente en el procedimiento principal.

ESQUEMA 2. IMPUGNACIÓN DE TASACIÓN DE COSTAS SÓLO POR EXCESIVAS (Asuntos en tramitación con entrada en Decanato/SCPAG hasta del 2 de abril de 2025)

— Regulada en los arts. 245 y 246.1 LEC.

— Una vez practicada la tasación por el Letrado de la Administración de Justicia (art. 243 LEC).

- o Traslado a las partes por 10 días para posible impugnación (art. 244.1 LEC)
  - • Si se entiende que son excesivos los honorarios del Abogado... se presenta IMPUGNACIÓN POR EXCESIVAS.

    (Muy frecuente actualmente por cuestiones de discusión de la cuantía y aplicación de Criterios Orientadores)

    (También aplicable a Peritos, art. 246.2 LEC)
  - • Letrado de la Administración de Justicia abre pieza de incidente de IMPUGNACIÓN POR EXCESIVAS.
  - • Art. 246.1 LEC, traslado al Abogado, 5 días para que se pronuncie sobre si acepta la reducción.
    - ▪ Si no la acepta, se hace testimonio de las siguientes actuaciones para remitir al Colegio de la Abogacía (según Secretaría de Coordinación Provincial de Madrid respecto al sistema de comunicaciones Lexnet con el ICAM):
      - o Jurisdicción Civil:
        - ▪ Primera Instancia: Incidente de tasación completo (minutas, tasación,

impugnación, oposición), demanda, contestación a la demanda, sentencia.

- Apelación: Incidente de tasación completo (minutas, tasación, impugnación, oposición), recurso de apelación, impugnación/oposición, sentencia.
- Ejecuciones: Incidente de tasación completo (minutas, tasación, impugnación, oposición), y procedimiento de ejecución completo.

- Colegio de la Abogacía emite Dictamen.
- Letrado de la Administración de Justicia resuelve con DECRETO (numerado), manteniendo la tasación o introduciendo modificaciones oportunas.

o Costas (art. 246.3 LEC):

- Si impugnación totalmente desestimada, se imponen al impugnante.
- Si total o parcialmente estimada, se imponen a Abogado o Perito.

(Esta imposición de costas se pone en duda últimamente por art. 394.1 y la apreciación de serias dudas de hecho o de derecho en la mayoría de las impugnaciones y la confusión existente)

- Posible recurso de revisión. Contra éste no cabe recurso alguno.

— Se aprueba definitivamente la tasación mediante testimonio de la resolución del incidente en el procedimiento principal.

ESQUEMA 3. IMPUGNACIÓN DE TASACIÓN DE COSTAS "MIXTA", SIMULTÁNEA INDEBIDAS-EXCESIVAS (Asuntos en tramitación con entrada en Decanato/SCPAG hasta el 2 de abril de 2025)

— Regulada en los arts. 245 y 246.5 LEC.

— Una vez practicada la tasación por el Letrado de la Administración de Justicia (art. 243 LEC).

- o Traslado a las partes por 10 días para posible impugnación (art. 244.1 LEC)

  - ▪ Si se entiende que se han incluido partidas indebidas o se han excluido partidas debidas...
    se presenta IMPUGNACIÓN POR INDEBIDAS. (Frecuente en impugnación de Procuradores, que funcionan mediante Arancel aunque también se puede presentar frente a Abogados).

    Y simultáneamente... (en el mismo escrito). Si se entiende que son excesivos los honorarios del Abogado...se presenta IMPUGNACIÓN POR EXCESIVAS. (Muy frecuente actualmente por cuestiones de discusión de la cuantía y aplicación de Criterios Orientadores) (También aplicable a Peritos, art. 246.2 LEC).

  - ▪ Letrado de la Administración de Justicia abre pieza de incidente de IMPUGNACIÓN POR INDEBIDAS Y EXCESIVAS y suspende tramitación por excesivas mientras se tramita indebidas.

  - ▪ Art. 246.4 LEC, traslado a la otra parte, 3 días para que se pronuncie (Normalmente el Abogado aprovecha para contestar si acepta o no la reducción en el plazo de 5 días que también se le puede otorgar para ello en este trámite)

  - ▪ Letrado de la Administración de Justicia resuelve con DECRETO (no numerado si sigue en pie la de excesivas, al no haber aceptado el Abogado la reducción. En el caso de que si la aceptase, el incidente acabaría aquí y el Decreto sí sería numerado)

- o Costas: no previstas en art. 246.4 LEC y posible aplicación del principio del vencimiento del art. 394 LEC (existe controversia) pero no se suele condenar en esta fase si hay que continuar el trámite por excesivas, donde sí debe existe ya pronunciamiento expreso según la LEC.
  - • Posible recurso de revisión. Contra éste no cabe recurso alguno.

- ▪ Si el Abogado no ha aceptado la reducción, se sigue con el incidente por EXCESIVAS:
  - • Se hace testimonio de las siguientes actuaciones para remitir al Colegio de la Abogacía (v.gr. según Secretaría de Coordinación Provincial de Madrid respecto al sistema de comunicaciones Lexnet con el ICAM):
    - o Jurisdicción Civil:
      - ▪ Primera Instancia: Incidente de tasación completo (minutas, tasación, impugnación, oposición), demanda, contestación a la demanda, sentencia.
      - ▪ Apelación: Incidente de tasación completo (minutas, tasación, impugnación, oposición), recurso de apelación, impugnación/oposición, sentencia.
      - ▪ Ejecuciones: Incidente de tasación completo (minutas, tasación, impugnación, oposición), y procedimiento de ejecución completo.

- Colegio de la Abogacía emite Dictamen.
- Letrado de la Administración de Justicia resuelve con DECRETO (numerado), manteniendo la tasación o introduciendo modificaciones oportunas. También se hace referencia a que hubo impugnación con indebidas, con su resultado, para que haya unidad a la hora de hacer el testimonio final.
    - En ocasiones se pide en la impugnación inicial "revisión de la minuta del Procurador" para adaptarla a la nueva cuantía "determinada" por este Decreto. No previsto legalmente, pero posible adaptarlo en caso de que fuese necesario.
        - o Costas (art. 246.3 LEC):
            - Si impugnación totalmente desestimada, se imponen al impugnante.
            - Si total o parcialmente estimada, se imponen a Abogado o Perito.

              (Esta imposición de costas se pone en duda últimamente por art. 394.1 y la apreciación de serias dudas de hecho o de derecho en la mayoría de las impugnaciones y la confusión existente)
    - Posible recurso de revisión. Contra éste no cabe recurso alguno.

— Se aprueba definitivamente la tasación mediante testimonio de la resolución del incidente en el procedimiento principal (resolviendo las excesivas y haciendo mención a lo que se resolvió por indebidas).

ESQUEMA 4. IMPUGNACIÓN DE TASACIÓN DE COSTAS SÓLO POR INDEBIDAS CON POSIBILIDAD DE PETICIÓN DE EXONERACIÓN/REDUCCIÓN (Asuntos con entrada en Decanato/SCPAG a partir del 3 de abril de 2025, L.O. 1/2025).

— Regulada en los arts. 245.2, 245.5, 245 bis y 246.4 LEC.

— Una vez practicada la tasación por el Letrado de la Administración de Justicia (art. 243 LEC).

- o Traslado a las partes por 10 días para posible impugnación (art. 244.1 LEC). Tener en cuenta art. 245.5, posible petición de exoneración o moderación (en el mismo plazo de 10 días, art. 245.5 LEC) si (ABRIR PIEZA DE INCIDENTE DE EXONERACIÓN/MODERACIÓN):
  - o Hubiera formulado una propuesta a la parte contraria en cualquier MASC al que hubieran acudido, la misma no hubiera sido aceptada por la parte requerida y la resolución final del procedimiento sea sustancialmente coincidente con dicha propuesta. También aplicable si ha habido rechazo injustificado a la propuesta de Tercero Neutral con sentencia coincidente.
    - ▪ Comprobar primero, por tanto, art. 245. Bis. Si la parte condenada pide exoneración o moderación, Letrado de la Administración de Justicia debe dar traslado por 3 DÍAS a la otra parte. (En petición debe acompañar documentación íntegra, dispensada de confidencialidad a estos efectos. Si no se acompaña, Decreto de inadmisión a trámite, cabe recurso de revisión).
      - o Si la parte favorecida acepta, Decreto LAJ fijando cantidad (si no contesta, se entiende que acepta). Posible recurso de revisión ante el Juez.

- o Si la parte favorecida no acepta, resuelve Tribunal mediante Auto sin condena en costas. Si se reduce debe fijarse porcentaje concreto y partidas. Posible recurso de reposición.
- o Una vez firme resolución denegatoria, se pasa a fase de impugnación por excesivas o indebidas.

- ▪ Si se entiende que se han incluido partidas indebidas o se han excluido partidas debidas... se ha debido presentar en el inicial plazo de 10 días, IMPUGNACIÓN POR INDEBIDAS.

  (Frecuente en impugnación de Procuradores, que funcionan mediante Arancel, aunque también se puede presentar frente a Abogados)

- ▪ Letrado de la Administración de Justicia abre pieza de incidente de IMPUGNACIÓN POR INDEBIDAS.
- ▪ Art. 246.4 LEC, traslado a la otra parte, 3 días para que se pronuncie.
- ▪ Letrado de la Administración de Justicia resuelve con DECRETO (numerado)
  - o Costas: sigue sin estar previsto, pero puede ser de aplicación general el principio del vencimiento, art. 394 LEC. (Existe controversia). Art. 246.4, 3.º párrafo sólo prevé expresamente para excesivas.
    - • Posible recurso de revisión. Contra éste no cabe recurso alguno.

— Se aprueba definitivamente la tasación mediante testimonio de la resolución del incidente en el procedimiento principal.

ESQUEMA 5. IMPUGNACIÓN DE TASACIÓN DE COSTAS SÓLO POR EXCESIVAS CON POSIBILIDAD DE PETICIÓN DE EXONERACIÓN/REDUCCIÓN (Asuntos con entrada en Decanato/SCPAG a partir del 3 de abril de 2025, L.O. 1/2025)

— Regulada en los arts. 245, 245 bis y 246.1 LEC.

— Una vez practicada la tasación por el Letrado de la Administración de Justicia (art. 243 LEC).

- o Traslado a las partes por 10 días para posible impugnación (art. 244.1 LEC). Tener en cuenta art. 245.5, posible petición de exoneración o moderación (en el mismo plazo de 10 días, art. 245.5 LEC) si (ABRIR PIEZA DE INCIDENTE DE EXONERACIÓN/MODERACIÓN):
  - o Hubiera formulado una propuesta a la parte contraria en cualquier MASC al que hubieran acudido, la misma no hubiera sido aceptada por la parte requerida y la resolución final del procedimiento sea sustancialmente coincidente con dicha propuesta. También aplicable si ha habido rechazo injustificado a la propuesta de Tercero Neutral con sentencia coincidente.
    - ▪ Comprobar primero, por tanto, art. 245. Bis. Si la parte condenada pide exoneración o moderación, Letrado de la Administración de Justicia debe dar traslado por 3 DÍAS a la otra parte. (En petición debe acompañar documentación íntegra, dispensada de confidencialidad a estos efectos. Si no se acompaña, Decreto de inadmisión a trámite, cabe recurso de revisión).
      - o Si la parte favorecida acepta, Decreto LAJ fijando cantidad (si no contesta, se entiende que acepta). Posible recurso de revisión ante el Juez.

- o Si la parte favorecida no acepta, resuelve Tribunal mediante Auto sin condena en costas. Si se reduce debe fijarse porcentaje concreto y partidas. Posible recurso de reposición.
- o Una vez firme resolución denegatoria, se pasa a fase de impugnación por excesivas o indebidas.

- ■ Si se entiende que son excesivos los honorarios del Abogado...se ha debido presentar en el inicial plazo de 10 días IMPUGNACIÓN POR EXCESIVAS.

  (Muy frecuente actualmente por cuestiones de discusión de la cuantía y aplicación de Criterios Orientadores)

  (También aplicable a Peritos, art. 246.2 LEC)

- ■ Letrado de la Administración de Justicia abre pieza de incidente de IMPUGNACIÓN POR EXCESIVAS.

- ■ Art. 246.1 LEC, traslado al Abogado, 5 días para que se pronuncie sobre si acepta la reducción.

  - • Si no la acepta, se hace testimonio de las siguientes actuaciones para remitir al Colegio de la Abogacía (v.gr. según Secretaría de Coordinación Provincial de Madrid respecto al sistema de comunicaciones Lexnet con el ICAM):

    - o Jurisdicción Civil:

      - ■ Primera Instancia: Incidente de tasación completo (minutas, tasación, impugnación, oposición), demanda, contestación a la demanda, sentencia.

- Apelación: Incidente de tasación completo (minutas, tasación, impugnación, oposición), recurso de apelación, impugnación/oposición, sentencia.

- Ejecuciones: Incidente de tasación completo (minutas, tasación, impugnación, oposición), y procedimiento de ejecución completo.

(No necesario en ámbito de art. 438 bis cuando ya haya emitido informe previamente, salvo justificado por concurrencia de circunstancias diversas a las tenidas en cuenta por Colegio de la Abogacía para elaboración de informe previo)

- Colegio de la Abogacía emite Dictamen.
- Letrado de la Administración de Justicia resuelve con DECRETO (numerado), manteniendo la tasación o introduciendo modificaciones oportunas.

o Costas (art. 246.4 LEC):

- Si impugnación totalmente desestimada, se imponen al impugnante o profesional SÓLO si ha actuado con abuso del servicio público de justicia (concepto del art. 247 LEC).

- Si total o parcialmente estimada, se imponen a Perito o parte a la que defienda Abogado SÓLO si ha actuado con abuso del servicio público de justicia (concepto del art. 247 LEC).

- Posible recurso de revisión. Contra éste no cabe recurso alguno.

— Se aprueba definitivamente la tasación mediante testimonio de la resolución del incidente en el procedimiento principal.

ESQUEMA 6. IMPUGNACIÓN DE TASACIÓN DE COSTAS "MIXTA", SIMULTÁNEA INDEBIDAS-EXCESIVAS CON POSIBILIDAD DE PETICIÓN DE EXONERACIÓN/REDUCCIÓN (Asuntos con entrada en Decanato/SCPAG a partir del 3 de abril de 2025, L.O. 1/2025)

— Regulada en los arts. 245, 245 bis y 246.5 LEC.

— Una vez practicada la tasación por el Letrado de la Administración de Justicia (art. 243 LEC).

o Traslado a las partes por 10 días para posible impugnación (art. 244.1 LEC). Tener en cuenta art. 245.5, posible petición de exoneración o moderación (en el mismo plazo de 10 días, art. 245.5 LEC) si (ABRIR PIEZA DE INCIDENTE DE EXONERACIÓN/MODERACIÓN):

o Hubiera formulado una propuesta a la parte contraria en cualquier MASC al que hubieran acudido, la misma no hubiera sido aceptada por la parte requerida y la resolución final del procedimiento sea sustancialmente coincidente con dicha propuesta. También aplicable si ha habido rechazo injustificado a la propuesta de Tercero Neutral con sentencia coincidente.

■ Comprobar primero, por tanto, art. 245. Bis. Si la parte condenada pide exoneración o moderación, Letrado de la Administración de Justicia debe dar traslado por 3 DÍAS a la otra parte. (En petición debe acompañar documentación íntegra, dispensada de confidencialidad a estos efectos. Si no se acompaña, Decreto de inadmisión a trámite, cabe recurso de revisión).

- o Si la parte favorecida acepta, Decreto LAJ fijando cantidad (si no contesta, se entiende que acepta). Posible recurso de revisión ante el Juez.

- o Si la parte favorecida no acepta, resuelve Tribunal mediante Auto sin condena en costas. Si se reduce debe fijarse porcentaje concreto y partidas. Posible recurso de reposición.

- o Una vez firme resolución denegatoria, se pasa a fase de impugnación por excesivas o indebidas.

- ▪ Si se entiende que se han incluido partidas indebidas o se han excluido partidas debidas... se presenta IMPUGNACIÓN POR INDEBIDAS. (Frecuente en impugnación de Procuradores, que funcionan mediante Arancel, aunque también se puede presentar frente a Abogados).

  Y simultáneamente.... (en el mismo escrito). Si se entiende que son excesivos los honorarios del Abogado...se presenta IMPUGNACIÓN POR EXCESIVAS. (Muy frecuente actualmente por cuestiones de discusión de la cuantía y aplicación de Criterios Orientadores) (También aplicable a Peritos, art. 246.2 LEC).

- ▪ Letrado de la Administración de Justicia abre pieza de incidente de IMPUGNACIÓN POR

INDEBIDAS Y EXCESIVAS y suspende tramitación por excesivas mientras se tramita indebidas.

- Art. 246.4 LEC, traslado a la otra parte, 3 días para que se pronuncie (Normalmente el Abogado aprovecha para contestar si acepta o no la reducción en el plazo de 5 días que también se le puede otorgar para ello en este trámite)
- Letrado de la Administración de Justicia resuelve con DECRETO (no numerado si sigue en pie la de excesivas, al no haber aceptado el Abogado la reducción. En el caso de que sí la aceptase, el incidente acabaría aquí y el Decreto sí sería numerado)
  - o Costas: sigue sin estar previsto, pero puede ser de aplicación general el principio del vencimiento, art. 394 LEC. (Existe controversia). Art. 246.4, 3.º párrafo sólo prevé expresamente para excesivas.
    - Posible recurso de revisión. Contra éste no cabe recurso alguno.
- Si el Abogado no ha aceptado la reducción, se sigue con el incidente por EXCESIVAS:
  - Se hace testimonio de las siguientes actuaciones para remitir al Colegio de la Abogacía (v.gr. según Secretaría de Coordinación Provincial de Madrid respecto al sistema de comunicaciones Lexnet con el ICAM):
    - o Jurisdicción Civil:
      - Primera Instancia: Incidente de tasación completo (minutas, tasa-

ción, impugnación, oposición), demanda, contestación a la demanda, sentencia.

- Apelación: Incidente de tasación completo (minutas, tasación, impugnación, oposición), recurso de apelación, impugnación/oposición, sentencia.
- Ejecuciones: Incidente de tasación completo (minutas, tasación, impugnación, oposición), y procedimiento de ejecución completo.

(No necesario en ámbito de art. 438 bis cuando ya haya emitido informe previamente, salvo justificado por concurrencia de circunstancias diversas a las tenidas en cuenta por Colegio de la Abogacía para elaboración de informe previo)

- Colegio de la Abogacía emite Dictamen.
- Letrado de la Administración de Justicia resuelve con DECRETO (numerado), manteniendo la tasación o introduciendo modificaciones oportunas. También se hace referencia a que hubo impugnación con indebidas, con su resultado, para que haya unidad a la hora de hacer el testimonio final.
  - En ocasiones se pide en la impugnación inicial "revisión de la minuta del Procurador" para adaptarla a la nueva cuantía "determinada" por este Decreto. No previsto legalmente, pero posible adaptarlo en caso de que fuese necesario.

- o Costas (art. 246.4 LEC):
  - Si impugnación totalmente desestimada, se imponen al impugnante o profesional SÓLO si ha actuado con abuso del servicio público de justicia (concepto del art. 247 LEC).
  - Si total o parcialmente estimada, se imponen a Perito o parte a la que defienda Abogado SÓLO si ha actuado con abuso del servicio público de justicia (concepto del art. 247 LEC).
- Posible recurso de revisión. Contra éste no cabe recurso alguno.

— Se aprueba definitivamente la tasación mediante testimonio de la resolución del incidente en el procedimiento principal (resolviendo las excesivas y haciendo mención a lo que se resolvió por indebidas).